大众高山滑雪运动技术30天教程

李兆鹏◎主编

天津大学出版社
TIANJIN UNIVERSITY PRESS

图书在版编目(CIP)数据

大众高山滑雪运动技术30天教程 / 李兆鹏主编. --
天津：天津大学出版社, 2023.8
ISBN 978-7-5618-7440-0

Ⅰ. ①大…　Ⅱ. ①李…　Ⅲ. ①高山滑雪－教材　Ⅳ.
①G863.11

中国国家版本馆CIP数据核字(2023)第063491号

Dazhong Gaoshan Huaxue Yundong Jishu 30 Tian Jiaocheng

出版发行　天津大学出版社
地　　址　天津市卫津路92号天津大学内（邮编:300072）
电　　话　发行部:022-27403647
网　　址　www.tjupress.com.cn
印　　刷　北京盛通印刷股份有限公司
经　　销　全国各地新华书店
开　　本　787mm×1092mm　1/16
印　　张　9
字　　数　164千
版　　次　2023年8月第1版
印　　次　2023年8月第1次
定　　价　49.00元

大众高山滑雪运动技术 30 天教程

A 30-DAY TUTORIAL ON POPULAR ALPINE SKIING TECHNIQUES

编委会

EDITORIAL BOARD

主　编：李兆鹏

副主编：安　雪　李云汉　郑　敏
董金芝　任立恒　王永涛

编　者：赵栋驰　杨曾宝

主　审：高文岳

副主审：王佳峰

目录

学习滑雪前的准备

1 高山滑雪器材装备

随着滑雪运动的发展，器材装备也在不断地创新。从最早的毛皮滑雪板到如今的卡宾板，高山滑雪的器材装备融入了大量新材料和新科技，正全面向着科技化发展，同时器材装备的改进也推动着滑雪技术的革新。

滑雪装备主要由滑雪板、滑雪鞋、滑雪杖、滑雪服、滑雪头盔、滑雪镜和滑雪手套等组成（图1）。

图1 滑雪装备

1.1 高山滑雪板

1.1.1 高山滑雪板的结构

高山滑雪板各部分的材质及制作工艺都很复杂(图 2、图 3)。滑雪板由前部(板头)、中部(板腰)、后部(板尾)组成。板腰安装固定器的部分被称为“重量台”。滑雪板两侧镶有钢边。高山滑雪板的外形是前部宽、中部窄、后部居中,侧面形成很大的弧线。

近年出现的“卡宾板”,俗称“大头板”,其外形更是如此。这种外形设计就是为了便于转弯,特别是有利于转弯半径小的情况。

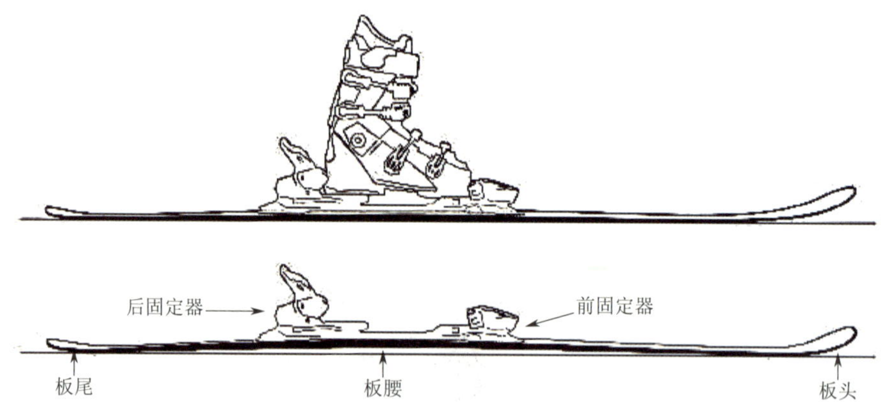

图 2 滑雪板与滑雪鞋构造图

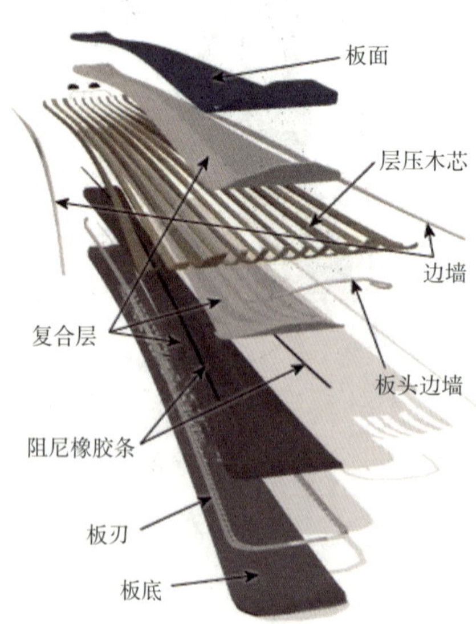

图 3 滑雪板多层复合材料结构图

滑雪板由板面、板底、板刃、前固定器、后固定器、止滑器、固定器 DIN 指数调节装置等组成（图 4~图 7）。

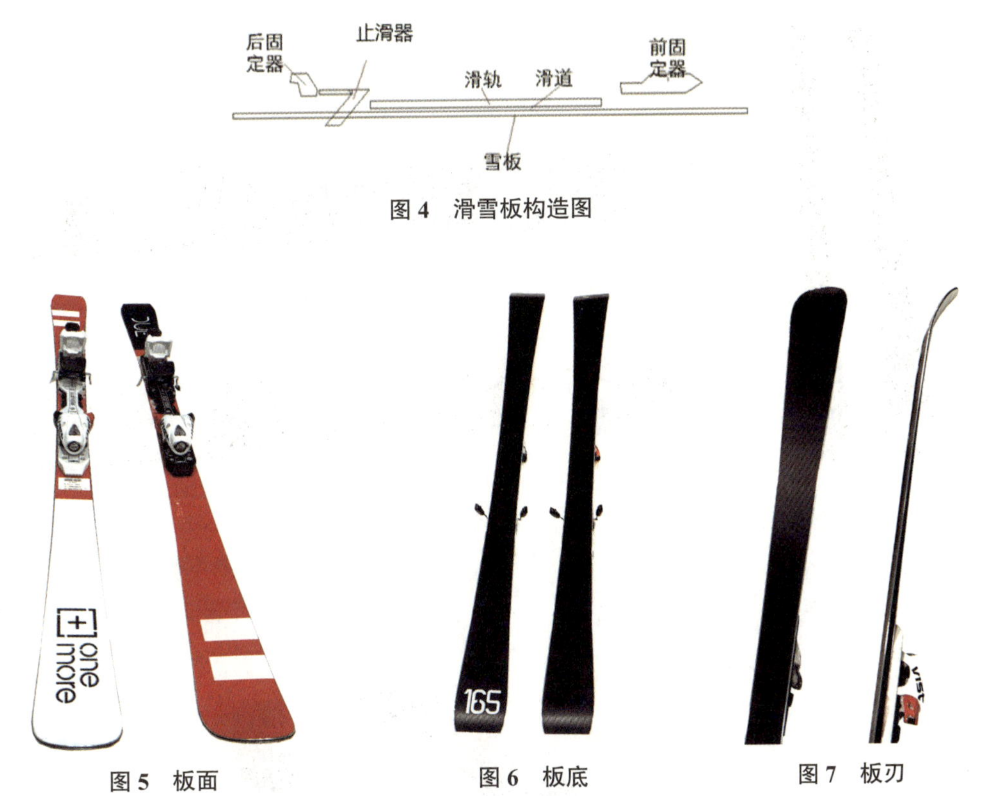

图 4　滑雪板构造图

图 5　板面

图 6　板底

图 7　板刃

（1）板头（图 8）：宽且薄，向上翘起。老式尖头板不利于转弯，板头宽有利于迅速进入转弯状态。板头向上翘起是为了防止滑行时滑雪板插入雪里，这样滑雪板可以始终在雪面上滑行。

图 8　板头

（2）板腰（图 9）：厚且窄，有弧度。这样的设计使滑雪板可以均衡承受人体的重量，滑行时减小摩擦力，提高滑行速度且更容易控制转弯。

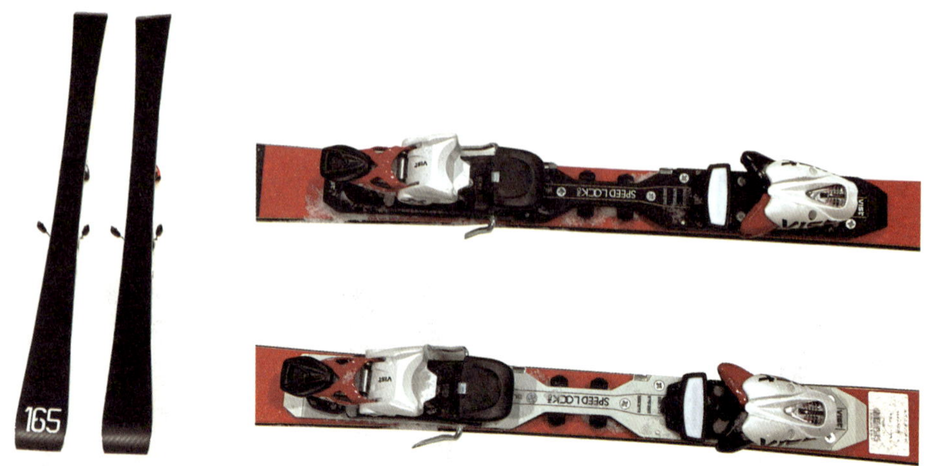

图 9　板腰

（3）板尾：大众滑雪板的板尾通常宽且薄，当携带滑雪板时，这种平头板尾有利于滑雪板平稳支撑在地面上；自由式滑雪板的板尾向上翘起是为了防止倒滑时滑雪板插入雪面。

图 10　板尾

（4）固定器：用于连接滑雪板与滑雪鞋的装置。固定器具有固定和分离两个重要功能，当滑雪鞋与滑雪板需要分离时，滑雪鞋可以自动从固定器上脱离以避免人员受伤。固定器包括前固定器和后固定器（图 11）。

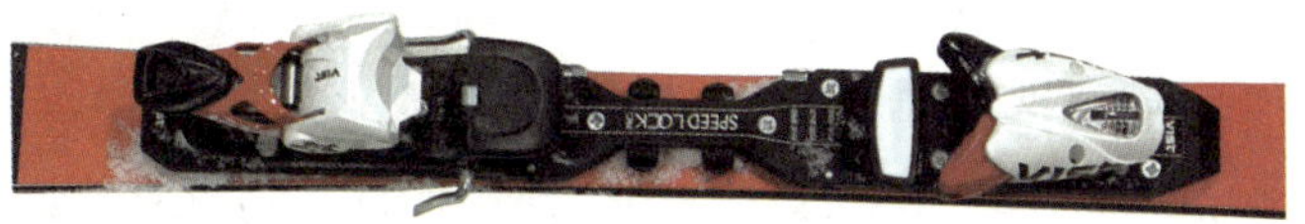

图 11　固定器

①前固定器主要是受到过大的横向外力时，可以自动脱离（图 12）。

图 12　前固定器

②后固定器主要是受到过大的纵向外力时，可以自动脱离（图 13）。

图 13　后固定器

③前、后固定器均带有 DIN 指数。DIN 指数是调节固定器强度的数值，滑雪板的种类不同，数值范围也不相同，主要根据滑雪者的体重、滑雪水平、场地情况进行调节。DIN 指数过大，会导致摔倒时滑雪板不能脱离，造成意外损伤；DIN 指数过小，会导致轻微转弯或活动时滑雪板就自动脱离，也会造成意外损伤（图 14）。

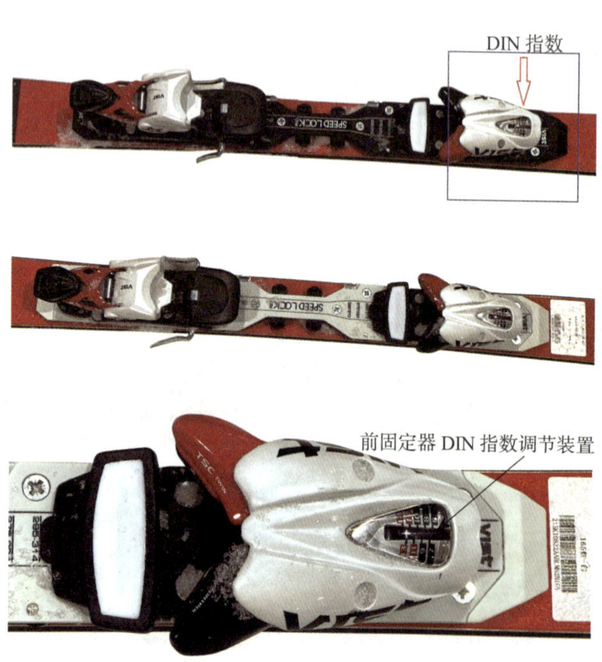

图 14　固定器 DIN 指数调节装置

（5）止滑器：止滑器可以防止滑雪者未穿滑雪板时，滑雪板在雪面上向下坡滑落。当携带滑雪板时，两个止滑器可以扣在一起，将两支滑雪板扣紧，滑雪者单手便可拿起一副滑雪板（图 15）。

图 15　止滑器

滑雪板上 L 代表滑雪板尺寸，R 代表转弯半径。滑雪板的弹性和回转半径情况如图 16 所示。

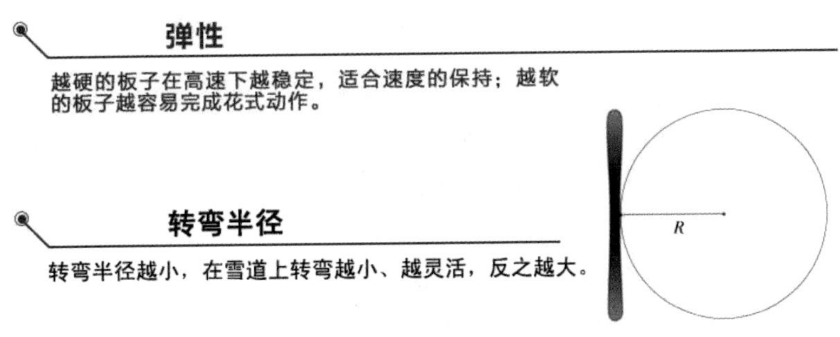

图 16　滑雪板弹性与转弯半径说明

1.1.2　高山滑雪板的分类

高山滑雪板从使用范围划分，分为竞技高山滑雪板与大众高山滑雪板两大类别。

竞技高山滑雪板按照项目特点，对应高山滑雪竞技比赛的四个分项，分为回转雪板、大回转雪板、超级大回转雪板和滑降雪板。与大众高山滑雪板的区别表现在滑雪板长度、硬度、转弯半径等参数上，竞技高山滑雪板更适用于参加竞技比赛，施展旗门技术。

大众高山滑雪板按照适用人群划分，可分为男士板、女士板、儿童板；按照适用场地划分，可分为全能板、野雪板等；按照适用滑雪水平划分，可分为初级板、中级板、高级板，高级板有时也被称为民用竞技板。

1.1.3　选用高山滑雪板的注意事项

初学者最好选用弹性好、长度短、板头较大、轻便的大众高山滑雪板。

滑雪板长度通常低于自己的身高 10—15 厘米（图 17）。

滑雪者选择器材时应充分了解滑雪板的性能。滑雪板长度越短，越有利于转弯滑行，但因长度较短，板刃与雪面摩擦力小，不利于快速停止，灵活性强，但稳定性差。滑雪板长度越长，越不利于转弯滑行，但因长度较长，板刃与雪面摩擦力大，利于快速停止，灵活性差，但稳定性强。常用的大众高山滑雪板长度为 153—178 厘米，需要滑雪者根据自身的滑行技术、训练目的、滑雪场地等不同情况，选择适合的滑雪板。参加竞技比赛的滑雪者应该按照比赛规则选择专用的竞技高山滑雪板。

图 17　滑雪板长度

1.1.4　滑雪板的携带方法

因为滑雪板较长且较重，在室内、室外均建议选择单手提板的方式，防止伤害到周边人群。若力气较小，可采用双手横抱板的方式，同时，用滑雪板绑带辅助固定滑雪板。

具体操作步骤：

（1）将两支滑雪板板头向上，板底相对垂直于地面，然后两手各拿一支滑雪板（图 18）。

图 18　板头向上，雪板相对

（2）将两支滑雪板的板底相贴合，此时两支滑雪板需要一高一低，便于将止滑器上下扣紧（图 19）。

图 19　一高一低，板底贴合

（3）较高的滑雪板贴紧板底向下滑落，直至与另一支滑雪板的止滑器勾住扣紧（图 20）。

图 20　扣紧止滑器

（4）双板放置于常用手臂一侧，较低板面（止滑器在内）的一侧朝外，手握住前固定器凹槽，向上用力，便可提起两支滑雪板（图 21），并确认滑雪板不会滑落（图 22）。

图 21　观察止滑器位置后手握前固定器向上提起

图 22　确认滑雪板不会滑落

（5）行走时注意板头贴在肩部前侧（图 23）。

图 23　板头贴在肩部前侧

（6）室外行走注意避让行人（图 24）。

图 24　提板行走，注意避让

✧ 常见问题

问题1:双板板底未贴紧,导致两个止滑器无法扣紧,此时需重新进行操作。

问题2:向上提起时,手提起止滑器在外的一支滑雪板,导致无法抬起两支滑雪板,此时需将两支滑雪板方向调转,手要提起止滑器在内的一侧。

注意:双手抱板也需两支滑雪板按照以上步骤操作,止滑器扣紧后,采取双手横抱板的姿势。

1.2 高山滑雪鞋

高山滑雪鞋可分为竞技滑雪鞋与休闲滑雪鞋两大类别。

竞技滑雪鞋的鞋勒较高,卡子多,滑雪鞋较紧,穿脱相对困难。休闲滑雪鞋的鞋勒较矮,卡子少或者为后部打开的方式,滑雪鞋较宽松,穿脱相对容易。

滑雪鞋除了鞋码外,主要需要挑选的是硬度值,硬度越小,相对舒适度较强,但滑雪鞋与小腿的贴合度越差,适合初学者适应滑雪鞋;硬度越大,相对舒适度较差,但滑雪鞋与小腿的贴合度越好,滑雪者能够利用腿部细微动作来控制滑雪鞋,从而带动滑雪板滑行,膝盖的上下动作可以最高效地传达到滑雪板。

1.2.1 高山滑雪鞋的结构

高山滑雪鞋由内外两层组成。外层壳连同鞋底很坚硬,由塑料或ABS材质注塑而成,防水、抗碰撞,上面镶有多个卡子及调整鞋的内部空间、前倾角的装置。内层由化纤织物和松软材料组成,对足与踝具有保暖、包裹、缓冲等作用(图25)。

图25 滑雪鞋

高山滑雪鞋高低档次相差很大,初学型滑雪鞋的鞋勒向后开启,而且后侧只有一个卡扣,便于穿脱,这类雪鞋主要见于小型滑雪场和滑雪场的体验式雪道。目前,滑雪场提供的

高山滑雪鞋一般都带有金属卡扣。

高级或竞赛型滑雪鞋的表面有鞋舌，卡扣较多，依次排列在前面，鞋靿在前部开口，外壳很硬，内靴较紧，穿脱需要有一定的经验，但是可以将脚踝各部位及小腿下部紧紧裹住，又不会导致血液不畅，只有脚趾有点活动空间，这就使滑雪者的脚与鞋固定成一个整体，将滑雪者的用力动作精确传导于滑雪板上。

高档的高山滑雪鞋通过调整相应装置，比如调节前倾角度、宽窄或具有行走模式的调节装置，可使滑雪者穿着时步行方便并且更适合滑雪者的脚型。一些品牌的高端滑雪鞋还可以进行热塑型，提高包裹性，应对寒冷雪道环境。部分滑雪鞋还具有加热功能和极具保暖性的内靴材质，新科技越来越广泛地融入滑雪器材的设计和制作当中。

1.2.2 穿滑雪鞋流程（图 26）

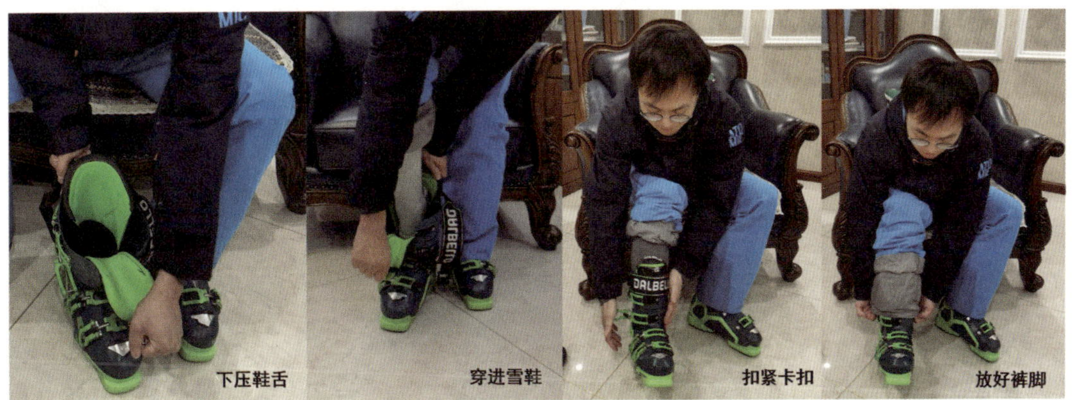

图 26 穿滑雪鞋流程

第一步，将雪袜和裤腿捋平。注意要使雪袜和裤腿没有一丝褶皱，因为穿上鞋后皱的雪袜、裤子布料会如异物一般硌到小腿，时间久了容易疼痛，也会影响滑行安全。

第二步，一手拽鞋筒，一手拽鞋舌，左右横向用力拉拽开，同时将脚尖伸入鞋内，后脚跟踩进鞋内。在这个过程中，如果觉得坐着不容易用力，可以站起来穿（图 27）。

图 27　一手拽鞋筒，一手拽鞋舌

第三步，依次扣紧所有卡扣，系紧绑带，避免勒太紧导致小腿不适，初学阶段建议略松一些为佳，随着滑雪水平的进步，可以逐步地勒紧雪鞋，起到更好的包裹作用（图 28）。

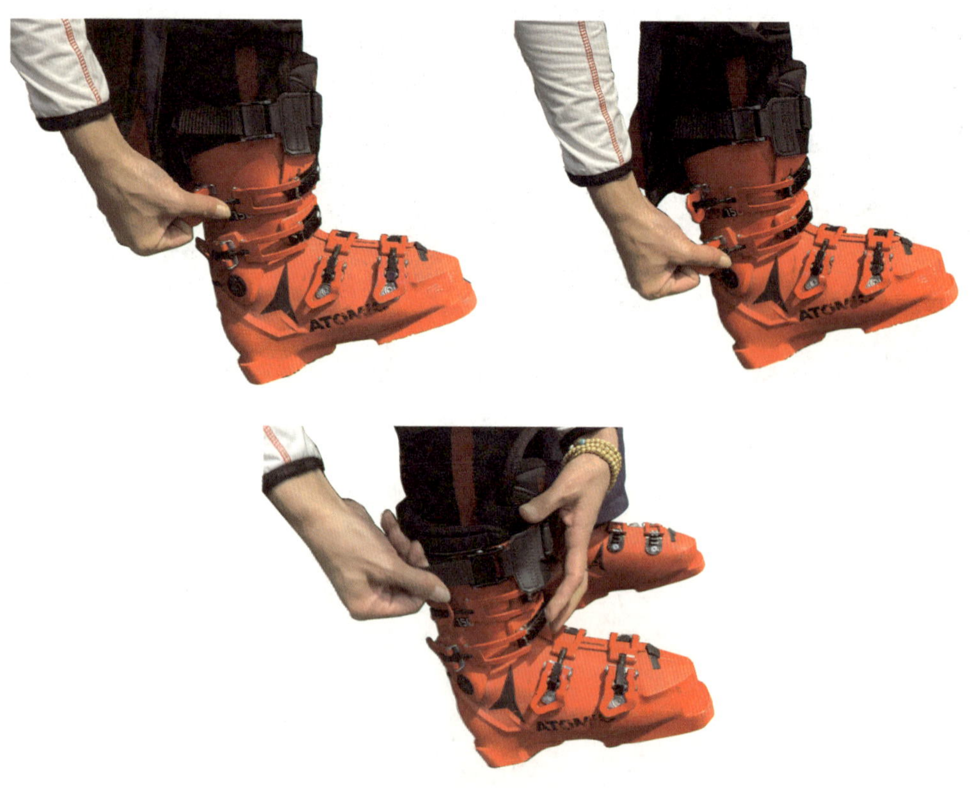

图 28　扣紧卡扣，系紧绑带

第四步，先将雪裤防风裙放下，套在鞋筒外，然后将雪裤裤脚放下，套在鞋筒外。切记不要把防风裙往鞋筒里塞。

第五步，站起来轻踩几脚或者略走几步，试试是否舒适。

1.2.3 脱滑雪鞋流程(图 29)

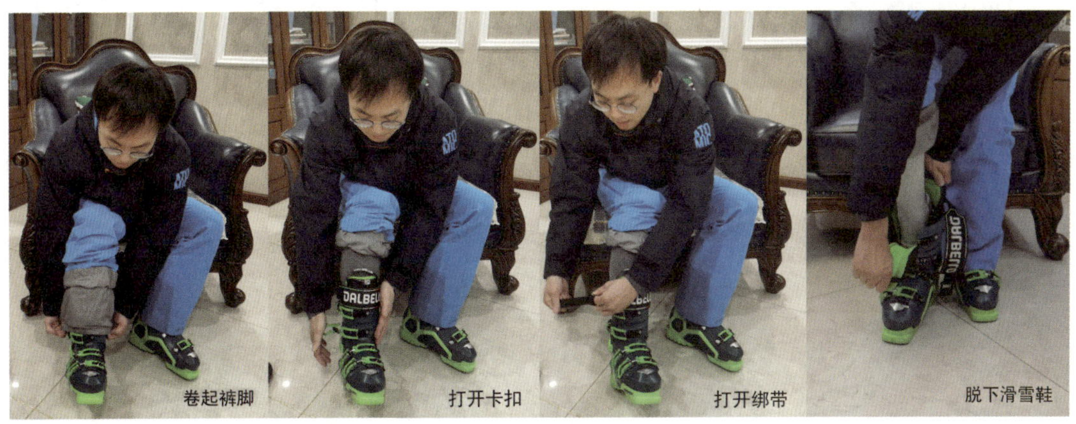

图 29 脱滑雪鞋流程

第一步,解开所有卡扣,松开绑带(图 30)。

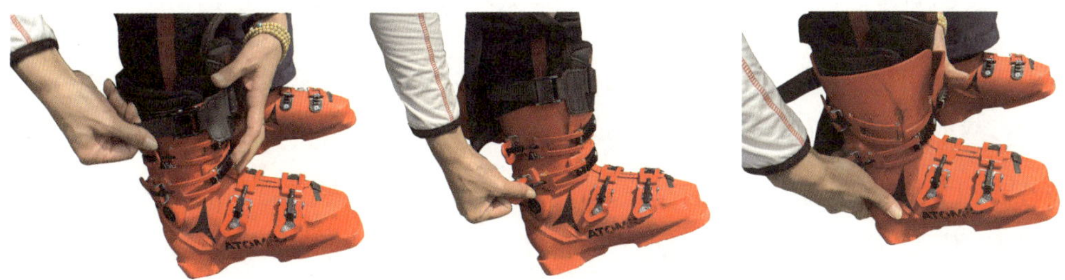

图 30 解开卡扣,松开绑带

第二步,左右横向拉开鞋舌和鞋筒,将脚抽出滑雪鞋(图 31)。如遇气温很低,鞋子硬度高、拉不开的情况,可以在屋里稍坐片刻,等鞋子暖和点,或者用电吹风轻轻地吹一吹,再脱即可。滑雪鞋不用时,应扣紧卡扣。

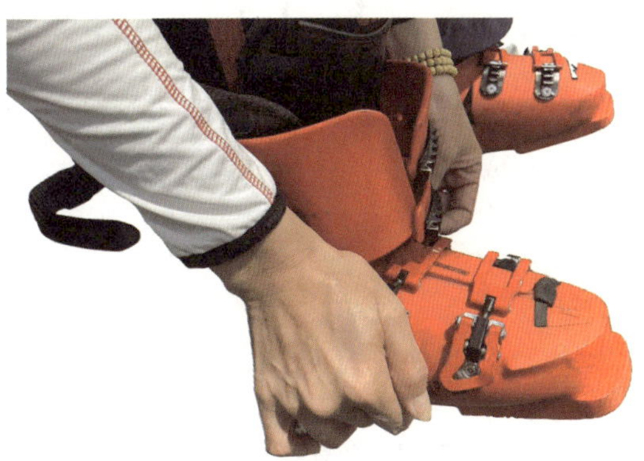

图 31 左右横向拉开鞋舌和鞋筒

1.2.4 高山滑雪鞋的选用

选用滑雪鞋和选用滑雪板一样，要根据自身的经济条件、技术水平、个人爱好等因素来决定，尽量选用有微调装置及行走功能的滑雪鞋。

1.2.5 滑雪鞋的保养

（1）滑雪鞋进雪潮湿可以烘干。

（2）脚型特殊者可到专营店用工具对滑雪鞋修整。滑雪鞋穿上后应使脚的各部位均有紧裹而又无不适之感。

（3）尽量不要穿滑雪鞋在水泥及土地上行走。

（4）滑雪鞋用完后应放在温暖处存放，便于下次穿用。

1.3 高山滑雪杖

1.3.1 滑雪杖的组成部分

高山滑雪杖由杖柄、握革带、杖杆、雪轮、杖尖组成（图32）。高山滑雪杖由轻铝合金材料制成，直径约18毫米，上端有握革带和握柄，能帮助运动员握仗，防止滑雪杖脱手。下端有杖尖，杖尖上部有雪花形或圆形的雪轮，雪轮可以控制滑雪杖插入雪面的深度。滑雪杖的握法如图33所示。高山滑雪杖分为直杆与弯杆两种，直杆适合回转，方便撞击旗门；弯杆适合速降和超级大回转，方便运动员身体蜷曲时将雪杖贴紧身体，以减小风的阻力。

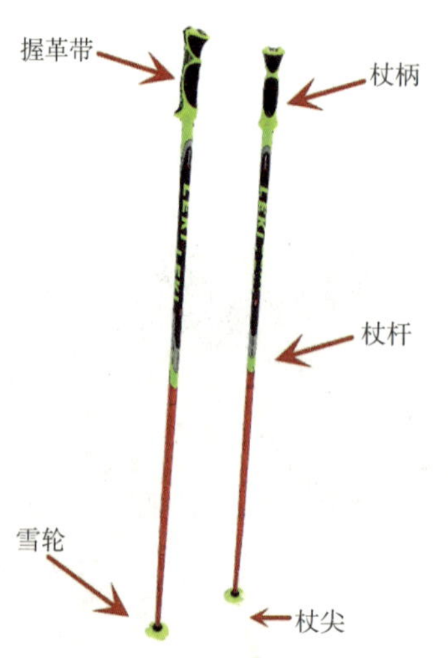

图32 滑雪杖结构

图 33　滑雪杖握法

杖柄：手握雪杖的位置。

杖尖：使雪杖方便插入雪面。

雪轮：防止雪杖插入雪面过深。

握革带：防止脱滑（初学者不建议使用握革带，以免摔倒时雪杖无法脱离，导致受伤）。

1.3.2　滑雪杖的作用

滑雪杖是滑雪者控制重心必不可少的一件工具。除跳台滑雪、空中技巧滑雪、单板滑雪外，其他项目都使用滑雪杖。高山滑雪杖的功能主要有：控制平衡、增加动力、引导转向。

作用一：滑雪者在雪面上站稳时，滑雪杖能及时支撑，协助维持平衡，在滑行中也有助于控制平衡（图 34、图 35）。

图 34　滑雪杖有助于站稳

图 35　滑雪杖有助于控制平衡

作用二：滑行速度不快时，滑雪杖奋力撑动，为之加速（图 36）。

图 36　滑雪杖有助于加速

作用三：滑行转弯时，滑雪杖配合重心交换，点杖前导，促进重心的有效转换（图 37）。

图 37　滑雪杖有助于引导转向

1.3.3　滑雪杖的选择方法

方法一：不穿滑雪板、滑雪鞋时，将滑雪杖倒着拿撑地，手掌握成拳状握住滑雪杖，拳头顶在雪轮下（因为穿滑雪鞋和滑雪板会增加高度，杖尖到雪轮的部分可以抵消这部分高度），前臂与地面平行，与滑雪杖呈 90 度。

方法二：穿滑雪板、滑雪鞋时，手握杖柄撑地，前臂与地面平行，与滑雪杖呈 90 度（图 38）。

图 38　滑雪杖长度选择

注意：滑雪杖的长度也要根据场地情况、技术水平进行适当调整。

1.4　滑雪服

滑雪服（图 39、图 40）具有保暖、防水、防风、耐磨的特点。滑雪时，穿着滑雪服可以有效地阻挡风吹，且在摔倒时，滑雪服的雪裙（防风裙）可以阻挡雪进入衣服。

图 39　滑雪服

图 40　滑雪裤

注意:滑雪裤的雪裙要套在滑雪鞋外,不可穿在滑雪鞋内,一是为了阻挡雪进入衣服;二是雪裙褶皱较多,为了避免雪裙穿在滑雪鞋内,由于滑雪鞋的挤压对脚踝造成伤害。

滑雪服内的穿着不要过厚,以吸汗的运动内衣为宜。

1.5 头盔

滑雪是一项高危运动,无论是初学者还是高级滑雪者,只要在雪道上就必须佩戴头盔(图 41)。发生意外时,头盔能减弱撞击的冲击力,对滑雪者起到重要的保护作用。头盔还有防风、保暖的作用。

选择头盔,需要用卷尺测量头围,按照头围尺寸选择合适的头盔。

图 41　头盔

1.6 滑雪镜

滑雪镜(图 42)可以起到防风、防紫外线、防雪盲症的作用。滑行时,佩戴滑雪镜可以减少冷风对眼睛的刺激以及紫外线对眼睛的伤害。

图 42　滑雪镜

滑雪镜片有很多种颜色，有些镜片可以更换，在阳光充足的天气，建议选择灰色、棕色等深色镜片；在雾天、阴天、多云等天气，建议选择黄色、金色等浅色镜片。

选择滑雪镜时，应贴合脸型。佩戴后滑雪镜四周都能与脸部贴合，没有过大的缝隙，并且滑雪镜两侧的镜框都不能遮挡视线。滑雪镜要固定在头盔上使用，佩戴时应先戴好头盔，再佩戴滑雪镜。

1.7 护脸

护脸可以起到防风、防紫外线、保暖的作用（图 43）。滑雪时，冷风较强，戴护脸可以保护皮肤，如果不做好防护，严重的会造成冻伤；雪面反射的紫外线也很强，如果不做好保护，严重的会造成晒伤。

护脸有很多样式，如头套式、三角巾、头巾等，可以根据自身需求选配护脸。

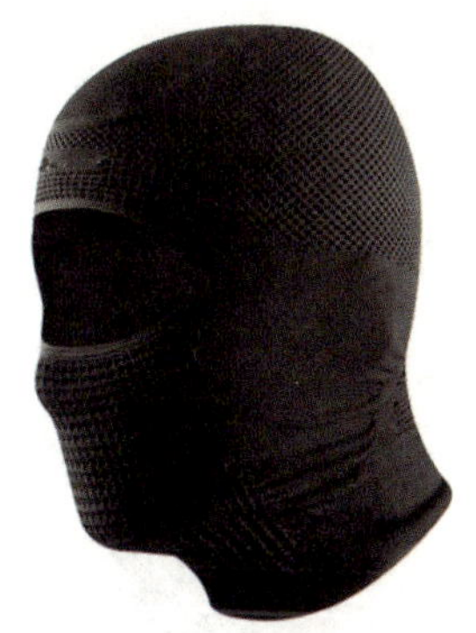

图 43 护脸

1.8 滑雪手套

滑雪手套可以起到保暖、防风、防水的作用（图 44）。滑雪时，滑雪手套是必需品，因为需要手握滑雪杖，有时还需要手动调节器材。

滑雪手套通常分为大众滑雪手套和竞技滑雪手套两种。竞技滑雪手套关节处有不锈钢板，竞技比赛时可以防止手碰到旗门杆而受伤，舒适性较差；大众滑雪手套分为五指手套和二指手套，高山滑雪建议选择五指手套，方便调节器材及手握滑雪杖。

图 44　滑雪手套

1.9　滑雪袜

滑雪袜具有保暖、保护的作用（图 45）。滑雪袜是长筒的，普通袜子较矮，低于滑雪鞋的鞋勒，无法保护小腿。滑雪者可以根据需要选配滑雪袜，增加舒适度。

穿着滑雪袜时，一定要注意将袜腿抚平整，否则褶皱经过雪鞋挤压容易对小腿造成伤害。

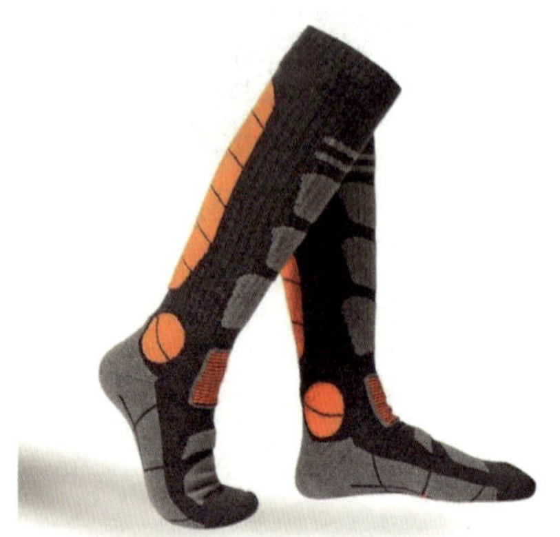

图 45　滑雪袜

1.10　护具

滑雪护具主要有护甲、护臀、护膝、护腕（图 46）。滑雪者可以根据自身需要选配护具，起到保护的作用。

图 46　滑雪护具

2　滑雪前的热身运动

（1）根据气温可进行慢跑或原地踏步跑。

（2）头颈运动，颈部进行上下、左右旋转。两脚开立，与肩同宽，双手叉腰或自然垂于身体两侧，头部进行旋转，最大限度活动颈部，控制速度和节奏。

（3）上肢运动，活动肩关节及腕关节。活动肩关节时，双肘弯曲环绕肩部，逐步加大环绕幅度；活动腕关节时，双臂伸直，左手掌向前，右手拉住左手手指，轻微向后拉，左右手交替进行。

（4）腰部运动，腰部环绕动作及体转运动。腰部环绕动作：双脚开立，与肩同宽，双手叉腰，做腰部环绕动作，注意控制节奏和幅度。体转运动：双脚开立，与肩同宽，将两支滑雪杖一起放于颈后，双手放在滑雪杖的两端，抬头挺胸，左右两侧旋转上身，注意控制节奏和幅度。

（5）踢腿运动，将滑雪仗置于身体两侧支撑保持平衡，左腿站立，右腿前后摆动，逐渐增大幅度，左右腿交替进行。提膝展髋，将滑雪仗置于身体两侧，左腿单腿支撑，右腿向上提起后，大腿带动向外旋转展髋，左右腿交替进行。

（6）下肢运动，弓步压腿及侧压腿，静态拉伸或轻微震颤均可。弓步压腿：左腿在前下蹲，大腿与地面平行，右腿向后伸直，双手放于左腿膝关节上，左右腿交替进行。侧压腿：左腿支撑下蹲，脚尖向前，右腿伸直于右侧，左右腿交替进行。注意频率要慢或只进行静态拉伸。

3 安全检查

滑雪前，需要检查装备器材是否完整、安全。安全检查既是为了保证安全，也是为了避免往返于雪道和雪具大厅，浪费时间。

（1）检查装备是否佩戴齐全。

（2）检查器材是否完整。

（3）检查固定器强度值是否合适。

（4）检查滑雪鞋内是否平整、舒适。

（5）长发、头巾、首饰等都要处理好，避免摔倒时，对身体造成伤害。

（6）检查手机等相关物品是否妥善安放，如在滑雪服内一定要记住拉好拉链。

第 1 天　平地练习

平地练习 1

第一天滑雪，主要要学会如何穿脱滑雪板，进行平地适应训练，掌握滑雪的基本姿势，学会安全摔倒及站起，学习登坡技术、直滑降、犁式制动三种技术动作。

平地练习 2

1　穿脱滑雪板

1.1　穿滑雪板

平地练习 3

将两只滑雪板平放在雪地上，站在双板外侧，手持双杖支撑在身体两侧，滑雪鞋尖和滑雪鞋跟分别对准固定器的前、后月牙槽，下压脚跟，使滑雪鞋与滑雪板连接(图 1-1~图 1-3)。

平地练习 4

图 1-1　站在双板外侧

图 1-2　对准固定器卡槽

平地练习 5

图 1-3　穿上滑雪板

平地练习 6

1.2 脱滑雪板

方法一：用滑雪杖杖尖对准后固定器尾上的凹槽下压，使其脱离（图 1-4~图 1-6）。

图 1-4　杖尖对准后固定器凹槽

图 1-5　向下按压滑雪杖

图 1-6　完成脱离

方法二：双杖支撑在身体两侧，左脚抬起向后旋转，踩下右脚后固定器，使右脚脱离滑雪板，交替进行（图 1-7）。

图 1-7　双脚交替脱离

✧　常见问题

(1)固定器尾处于锁死状态,穿不上滑雪板。

(2)雪鞋底部有积雪,穿不上滑雪板。

(3)固定器强度过大,穿不上滑雪板。

✧　解决方法

(1)用滑雪鞋将固定器尾踩下,使其处于打开状态。

(2)用滑雪鞋底部在前固定器前后剐蹭,去除积雪,或脚后踢,用滑雪杖敲打滑雪鞋,清理积雪。

(3)调试固定器强度值至合适强度。

注意事项:滑雪者如果站在山坡上穿滑雪板,应先穿山下板,滑雪板刻住雪面稳定后再穿山上板,避免滑雪板滑下山坡。脱滑雪板应先脱山上板,再脱山下板,避免滑雪板滑下山坡。

2　平地适应训练

平地适应训练主要是为了在正式滑雪前,适应器材的长度和重量,让身体更好地控制滑雪鞋和滑雪板。

2.1　单雪板适应练习

单雪板适应练习主要为了练习控制小腿推拉自如;感受到内刃和外刃;感受踝关节的屈曲;感受大腿的旋转带动滑雪板转动;体会滑雪板的滑度、硬度、长度;练习将重心完全放在滑雪板的支撑面上。

（1）原地前后滑动滑雪板（图 1-8）。

图 1-8　前后滑动滑雪板

（2）原地横向推收滑雪板（图 1-9，图 1-10）。

图 1-9　横向推收滑雪板

图 1-10　推收滑雪板细节

(3)抬起滑雪板下压板头、板尾(图 1-11)。

图 1-11　下压板头、板尾

(4)抬起滑雪板旋转大腿(图 1-12)。

图 1-12　抬起滑雪板旋转大腿

(5)平地单雪板行走(图 1-13)。

图 1-13　单雪板行走

（6）平地单雪板滑动（图 1-14）。

图 1-14　单雪板滑动

✧　常见问题

（1）膝关节方向与板头方向不一致。

（2）身体重心不在滑雪板中间。

（3）身体先转动变向。

✧　解决方法

（1）多练习单脚滑行。

（2）踝、膝、髋适度弯曲，胫骨前肌贴合滑雪鞋的鞋舌。

2.2　双板适应练习

双板适应练习是为了感受板底与雪面的摩擦；感受大腿内旋带动滑雪板旋转；感受脚尖、脚跟控制板头、板尾；体会滑雪板的滑度、长度；感受身体重心在支撑面上的位置以及在滑雪板上的前后移动。

（1）原地交替前后推拉滑雪板滑动（图 1-15）。

图 1-15　前后推拉滑雪板滑动

(2)原地前后俯仰上体(图1-16)。

图1-16　前后俯仰上体

(3)原地交替抬滑雪板下压板头、板尾(图1-17)。

图1-17　交替下压板头、板尾

（4）原地交替抬滑雪板旋转大腿（图 1-18）。

图 1-18　交替旋转大腿

（5）原地改变滑雪板方向（图 1-19、图 1-20）。

图 1-19　板尾固定改变滑雪板方向

图 1-20　板头固定改变滑雪板方向

(6)平地交替滑行前进(图 1-21)。

图 1-21　交替滑行前进

(7)平地双板同时推进前行(图 1-22)。

图 1-22　双板推进前行

✧　常见问题

(1)板头、板尾重叠。

(2)身体左右晃动。

(3)低头看板。

✧　解决方法

(1)控制站姿,双板平行与肩同宽。

(2)两手打开在身体两侧保持平衡。

(3)不要用眼睛看滑雪板,要用腿、脚去感受滑雪鞋和滑雪板。

(4)原地体会上下、前后、左右三个运动方向的重心移动,还可以进行交替抬板练习,感受重心位置。

3 滑雪基本姿势

（1）目视前方；

（2）上体略前倾与小腿呈平行；

（3）双臂打开在身体两侧自然前伸，呈环抱状，双杖杖尖在滑雪鞋两侧；

（4）弯曲髋、膝、踝三个关节，弯曲角度一致，膝关节与两个板头方向一致；

（5）双板与肩同宽，保持平行，双板均衡负重，保持身体平衡（图 1-23）。

图 1-23　滑雪基本姿势

✧　常见问题

（1）膝关节内扣。

（2）上体过于前倾或太直。

（3）低头或抬头。

（4）两板受力不均匀。

（5）双手不能放置于正确位置。

✧　解决方法

（1）两腿胫骨前端同时尝试贴合，离开雪鞋舌，保持平衡，反复练习可以感受重心的变化，调整重心和膝关节内扣的问题。

（2）静止练习使肌肉产生记忆。

（3）寻找指定目标物，看目标滑行。

4　安全摔倒及站起

4.1　安全摔倒

安全摔倒是有效防止高山滑雪运动损伤的安全类技术。安全摔倒技术的训练主要作用在于培养安全意识及主动避险意识。在紧急情况发生时，比如无法控速、遇到障碍物或难以避开其他滑行者，能够本能地做出减速、降低重心，直至停止滑行的安全动作，最大限度地降低运动损伤风险。滑雪者在紧急情况下安全摔倒后，要及时移动到雪道边缘，尽快进入安全区域，然后穿好滑雪板继续前行或等待救援。

不断提高滑雪技术是保障安全滑雪的重要因素，安全摔倒技术是保障安全滑雪的必要技术，时刻保持安全意识是滑雪者开启滑雪历程的第一课（图 1-24）。

图 1-24　安全摔倒

技术要领：

（1）首先扔掉滑雪杖（图 1-25）。

图 1-25　扔掉滑雪杖

（2）然后降低重心、臀部向滑雪板外侧坐倒（图 1-26）。

图 1-26　降低重心

（3）注意先侧坐，后侧躺（图 1-27）。

图 1-27　先侧坐后侧躺

4.2　站起

方法一：调整滑雪板于坡下并垂直于滚落线，山下手抱住山下小腿，山上手推雪面，使身体蹲在滑雪板上，双手抱膝站起（图 1-28）。

方法二：调整姿势趴在雪面上，腹部贴地，面朝山上，调整身体与滚落线平行，双板呈八字，内刃刻住雪面，双手在身前支撑站起（图 1-29）。

图 1-28　调整滑雪板，站起

图 1-29　调整姿势，八字站起

方法三：侧坐在雪面上，臀部在上，滑雪板在下，脱掉滑雪板后站起。

✧　常见问题

（1）滑雪杖无法脱离。

（2）头部着地或手腕着地。

（3）站起后仍站在雪道中间。

✧　解决方法

（1）初学者不宜佩戴握革带。

（2）原地模拟摔倒及站起，降低重心向两侧摔倒，不要向后躺，先调整滑雪板方向，再尝试站起。

（3）摔倒后在可活动的情况下迅速站起，并离开雪道中间，到雪道两侧调整器材，检查是否受伤。

 5　登坡练习

登坡通常可以采用三种方法：交替登坡、横登坡、八字登坡。

5.1　交替登坡

双板平行，滑雪杖支撑在身体两侧保持平衡。左杖撑住，右腿向前滑动，左右交替进行（图 1-30）。交替登坡适用于距离较短、坡度较缓的雪道。

图 1-30　交替登坡

5.2 横登坡

双板平行，滑雪杖支撑在身体两侧保持平衡。滑雪板垂直于滚落线横向站在雪道上，重心向山上倾斜。利用山下板的内刃和山上板的外刃刻住雪面，防止下滑，先移动山上板，再移动山下板，交替进行（图 1-31）。横登坡适用于坡度较大的雪道。

图 1-31　横登坡

5.3 八字登坡

面向山上，滑雪板呈外八字形，用双板内刃刻住雪面。右侧板刻住雪面，右侧滑雪杖支撑，左侧板向前跨出，交替进行（图 1-32）。注意板尾不要重叠。八字登坡适用于坡度较缓的雪道。需要快速登坡时，八字登坡速度最快。

注意:登坡时应保持滑雪板立刃角度,刻住雪面,向上登(图1-33)。滑雪板立刃角度不够,则容易滑落。

图 1-32　登坡时滑雪板保持立刃

图 1-33　八字登坡

6 直滑降

直滑降是自上而下的直线滑行姿势，滑行时阻力最小，初次练习必须选择平缓的雪道（图 1-34）。

图 1-34 直滑降

（1）选择平缓的地形，滑行时可以自然停止。

图 1-35　改变滑雪板方向

（2）呈滑雪基本姿势站立（图 1-36）。

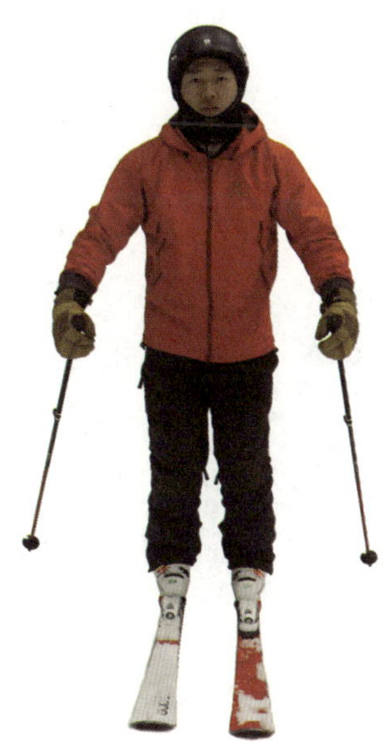

图 1-36　滑雪基本姿势站立

（3）保持三关节自然弯曲（图1-37）。

图1-37　三关节自然弯曲

✧　常见问题

（1）重心落后。

（2）双板无法同时移动，不平行。

（3）滑雪杖经常触地或撑动。

✧　解决方法

（1）平地前后俯仰上体。

（2）直滑降中做前后俯仰，感受重心在中间。

（3）平地做单雪板支撑。

（4）直滑降中做单雪板滑行，感受左右腿的支撑。

（5）两只滑雪杖放在一起，双手握滑雪杖两端，向前伸直进行滑行练习。

第 2 天　犁式滑降与犁式制动

犁式滑降与犁式制动是最基础的滑行与制动姿势，是滑雪板呈八字形自上而下滑行和停止的技术。

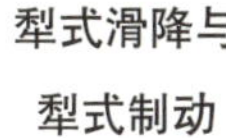

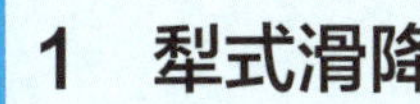

1　犁式滑降

犁式滑降是指不改变滑行方向的、最简单的减速滑行方法（图 2-1）。

技术要领：

首先，滑雪者要调整滑雪板的方向，双板呈犁式形状（八字形），面向山下，身体保持基本滑行姿势；然后，保持控制双腿旋转的肌肉力量，滑雪板保持犁式形状，向山下方向滑行；滑行的过程中要充分保持身体的稳定，双手主动控制平衡，踝关节、膝关节、髋关节保持自然的屈曲，保持重心在身体中间位置。这时，滑雪者应通过大腿内旋控制双板的犁式形状（滑雪板位置关系），两脚踝保持内翻，使滑雪板发生轻微立刃效果。

图 2-1　犁式滑降

✧ 常见问题

（1）不能沿滚落线向下直线滑行。

（2）滑降中不能控速。

（3）两板头重叠。

✧ 解决方法

（1）平地时，将滑雪杖插在双板中间，抬起单雪板利用大脚趾带动滑雪板抵住滑雪杖，感受踝关节的内翻及内旋。

（2）在平缓的坡度上练习同时打开双板板尾，同时收回双板板尾。

（3）原地单雪板练习旋转板尾打开，双板板头保持间距。

（4）双板呈犁式形状，两踝关节练习内翻动作。

2 犁式制动

犁式制动是指在犁式滑降的基础上，加大用刃强度，直到停止的控速技术。

滑降时能够合理控制滑行速度，用犁式滑降技术转化为犁式制动技术后，练习直滑降与犁式制动的衔接。

技术要领：

首先，滑雪者要控制双板平行，面向山下，做直滑降动作，利用大腿的内旋使滑雪板变成犁式形状（滑雪板位置关系）；然后，踝关节内翻使滑雪板的对应刃与雪面产生摩擦阻力，使滑雪板减速直至停止。滑雪者的身体重心应该保持在滑雪板中间，小腿贴合在滑雪鞋内侧，双板均匀受力，两脚掌与滑雪鞋贴合；身体保持滑雪基本姿势，双板匀速旋转，打开呈犁式形状，板头距离不要大于一拳宽。

✧ 常见问题

（1）双板受力不均，腿部旋转后双板不对称。

（2）大腿内旋不足，核心肌群松散，导致后坐。

✧ 解决方法

（1）原地不穿滑雪板，双脚依次旋转，形成犁式形状。

（2）穿板原地单板旋转，感受内刃的摩擦。

（3）平地双板同时内旋形成犁式形状，练习双脚同时打开板尾动作。

（4）做原地小跳，空中旋转滑雪板，成犁式形状落地，感受核心肌群受力状态。

第 3 天　犁式斜滑降与犁式浅弯

在学会了犁式滑降技术与犁式制动技术的基础之上，可以进行犁式斜滑降与犁式浅弯的练习。

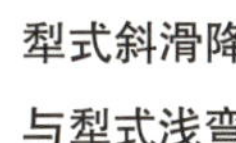

犁式斜滑降
与犁式浅弯

1　犁式斜滑降

在保障安全的前提下，从雪道的一侧向另一侧犁式滑行，向山上方向斜向滑行直至停止。

技术要领：

首先，两支滑雪板应保持犁式形状，身体重心要放在山下板位置，通过外腿的持续旋转，使上体保持滑行姿势。此时，身体中线应垂直于山下腿的大腿位置（图 3-1）。

图 3-1　犁式斜滑降

✧ 常见问题	✧ 解决方法
(1)重心在山上板。	(1)犁式斜滑抬山上板。
(2)重心后坐。	(2)犁式斜滑小跳。
(3)上半身方向错误。	(3)犁式斜滑蹲起。

2 犁式浅弯

在犁式滑雪基本姿势的基础上，通过腿部的旋转，使双板板头指向雪道的一侧，再指向另一侧，外侧板大脚趾和内侧板小脚趾同时旋转(图 3-2)。

技术要领：

首先，两支滑雪板要保持犁式形状，以保持基本滑行姿势；注意膝关节方向与滑雪板方向一致，重心在双板中间。然后，腿部旋转的同时，保持上体中正；注意外侧板和内侧板同时旋转。

✧ 常见问题

(1)上体转动，使压力转移到内侧脚。

(2)双板晃动。

(3)浅弯不能保持，不能控制弯形。

✧ 解决方法

(1)注意保持犁式板形。

(2)保持重心在双板中间。

(3)将浅弯转完整，在滑行中保持对转弯动作的思考。

图 3-2　犁式浅弯弯形

第4天 犁式转弯(重心转换练习)

犁式转弯是高山滑雪运动中的一项基本技术,是最易于掌握的一项转弯技术,对进一步学习和掌握其他转弯技术具有重要意义。在犁式转弯过程中,身体各部分动作幅度比较小,因为运用犁式这种板形不需要板刃的转换,滑雪者向一侧移动身体重心,同时旋转两支雪板,即可完成转弯(图4-1)。

犁式转弯

(重心交换)

图4-1 犁式转弯

1　技术要领

首先，滑雪者要注意身体放松，时刻保持躯干稳定，同时保持犁式板形；膝关节微屈，上体稍向前倾，双臂自然前伸呈环抱状，双杖呈八字形状，自然分开，保持这样的滑雪基本运动姿势。转弯可以分为三个阶段：入弯阶段、控制阶段和结束阶段。

在入弯阶段，山上板持续横向运动，同时大腿向内旋转，滑雪板调整方向面向山下，此时加大板尾距离。

进入控制阶段，滑雪者的躯干和下肢形成旋转分离，此时滑雪板板刃在雪面上侧滑搓雪，滑行轨迹比较宽，内侧小脚趾跟随外侧大脚趾方向保持犁状转弯。

在结束阶段，山下板压力最大。

2　犁式转弯动作示范（图 4-2）

图 4-2　犁式转弯动作示范（一）

图 4-3 犁式转弯动作示范(二)

3 辅助练习

练习一:平地站在滑雪板上,轻微地左右移动身体,注意感受滑雪板压力的变化。

练习二:穿上两支滑雪板,抬起单雪板向内侧旋转,以足中为轴,整条腿都要转动,左右交替练习。

4 常见错误及纠正方法

(1)上身跟随转动,身体不协调。

由于重力的作用,滑雪板会自动下滑,所以在转弯时,只需开始时轻轻用力,利用身体惯性下滑,不用做多余的动作,不必额外施加压力。

(2)肩带动转弯,虽然这样做也可以让滑雪板转弯,但这样转弯比较难于控制。

(3)滑雪杖触地或其他不正确姿势。

在这个阶段,不要想着使用滑雪杖,将滑雪杖自然置于身体两侧保持平衡即可。

第 5 天　犁式转弯（J 形弯）

J 形弯，又被称为绕山上转弯，是转弯的入门技术（图 5-1）。

犁式转弯（J 形弯）

图 5-1　犁式 J 形转弯

1 技术要领

滑雪者先进行犁式直滑降，然后向转弯内侧横向移动重心，转弯外侧板承重，内侧板减压；控制转弯外侧板向转弯方向旋转，内侧腿放松，控制内侧板跟随外侧板同步旋转，在板刃控制与腿部旋转的共同作用下转弯。滑行轨迹是字母“J”的形状（图 5-2、图 5-3）。

图 5-2 犁式 J 形转弯细节

 2　辅助练习

练习一：J 形弯练习。

练习二：滑雪杖画 C 形练习。

练习三：双手同时扶外膝。

练习四：外手摸外脚。

 3　常见错误及纠正方法

（1）躯干旋转，内倾，外腿蹬直，重心落在内侧板。

（2）小腿贴在滑雪鞋后面，股四头肌被迫收缩，臀部后坐。

（3）承重板没有立刃，滑雪杖拖地，弯腰滑行。

这三个错误根源在于基本姿势变形产生的过度内倾和重心后移。在练习犁式转弯的过程中，滑雪者应该时时刻刻注意保持犁式滑降姿势基本不变，始终注意主动板的立刃角度与主动板一侧腿部肌肉的用力。

第 6 天　犁式转弯（C 形弯）

犁式 C 形转弯是将连续的犁式转弯拆分出单个转弯，练习单个 C 形弯是分解练习的一种方式（图 6-1）。

犁式转弯
（C 形弯）

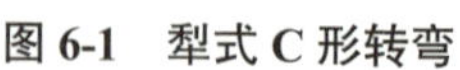

图 6-1　犁式 C 形转弯

1　技术要领

开始阶段：滑雪者要保持基本滑行姿势进入犁式斜滑降，此时身体重心应向上移动，做好进入转弯的控制阶段的准备。

控制阶段：滑雪者向转弯内侧横向移动身体重心，此时转弯外侧板承重，内侧板开始减压；控制转弯外侧板向转弯方向旋转，此时内侧腿放松，控制内侧板跟随外侧板同步旋转，在板刃控制与腿部旋转的共同作用下转弯。

结束阶段：滑雪者保持犁式板形，调整身体姿态，为下次转弯做准备（图 6-2）。

图 6-2　犁式 C 形转弯细节

✧　滑行技巧

（1）双板保持犁式形状，身体保持基本滑行姿势。

（2）以鼻子为旋转轴，使滑雪板围绕鼻子旋转。

（3）山下大脚趾内合，胫骨贴合鞋舌内侧，大腿内旋；山上小脚趾外展，胫骨贴合鞋舌外侧，大腿外旋。

（4）重心交换至外侧板承重，上体中线垂直于山下大腿。

2 辅助练习

练习一：双手同时扶外膝。

练习二：外手摸外脚。

练习三：外手滑雪杖杖尖压雪面画 C 形。

练习四：外手模拟搂大树。

练习五：转弯控制阶段抬起山上板。

3 常见错误及纠正方法

（1）躯干旋转、内倾，外腿蹬直，重心落在内侧板。

（2）小腿贴在滑雪鞋后面，股四头肌被迫收缩，臀部后坐。

（3）承重板没有立刃，滑雪杖拖地，弯腰滑行。

这三个错误根源在于基本姿势变形产生的过度内倾和重心后移。在犁式转弯的练习中，滑雪者应时时刻刻注意保持犁式滑降姿势基本不变化，始终注意主动板的立刃角度与主动板一侧腿部肌肉的用力。

第 7 天　犁式转弯（S 形弯）

在熟练、准确地完成单个 C 形转弯的基础上，滑雪者要重点学习重心交换，可以开始练习 S 形转弯。S 形转弯是掌握入门级转弯技术的标志性项目。

犁式转弯
（S 形弯）

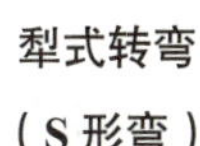

1　技术要领

滑雪者通过大腿旋转来完成转弯，注意保持上下身分离以及滑雪板的同步动作，转弯过程中应有一定的起伏感，尽力把弯形滑圆。

开始阶段：滑雪者要保持基本滑行姿势进行犁式斜滑降，向上移动身体重心，为转弯的控制阶段做好准备。

控制阶段：滑雪者要向转弯内侧横向移动重心，转弯外侧板承重，内侧板减压；控制转弯外侧板向转弯方向旋转，内侧腿放松控制，内侧板跟随外侧板同步旋转，在板刃控制与腿部旋转的共同作用下转弯。

结束阶段：滑雪者要保持犁式板形，调整身体姿态，为下次转弯做准备（图 7-1）。

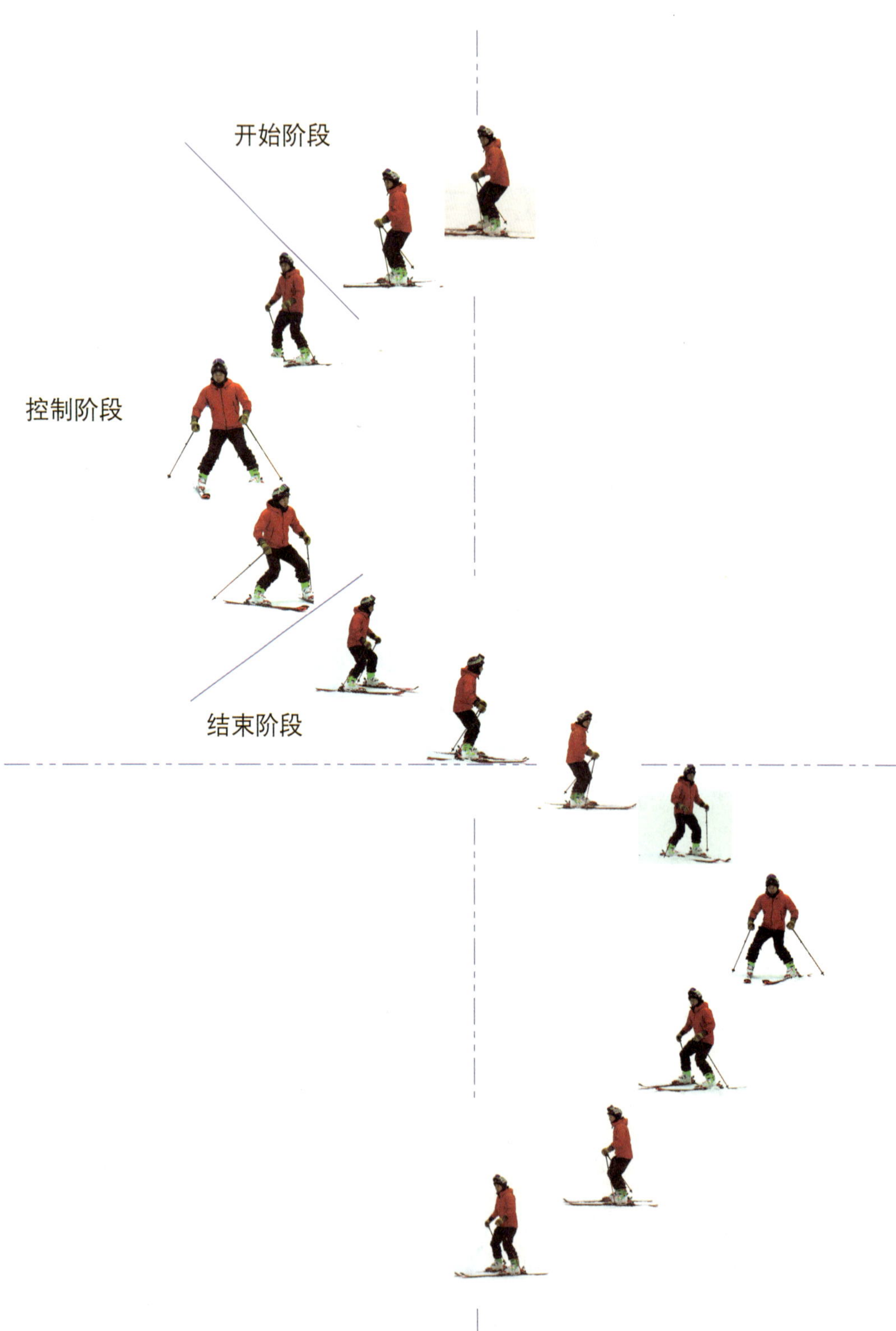

图 7-1　犁式 S 形转弯

2　转弯动作示范（图 7-2）

图 7-2　犁式 S 形转弯动作示范(一)

图 7-3　犁式 S 形转弯动作示范(二)

图 7-4　犁式 S 形转弯动作示范(三)

注意:滑雪者应注意转弯的节奏感和重心转换的时机。

3　辅助练习

练习一:平端滑雪杖下压至外小腿。

练习二:外侧手掐腰,内侧手外展。

练习三:原地重心交换练习。

4　常见错误及纠正方法

(1)转弯过程中滑雪者没有旋转滑雪板,而是进行侧蹬。

在这样的动作下,虽然滑雪板也呈现犁式板形,也可以产生转弯,但这种侧蹬的习惯一旦养成,对以后滑行水平的进步是一种阻碍。

(2)失去对躯干的控制,常见于初学者,或上身后仰,或过度前倾、俯身,或手舞足蹈。

注意:在辅助练习时滑雪者要时刻注意上身姿态。

(3)板头距离太大。

注意保持板间距和板头距离,除了因滑雪板立刃不足、身体重心错误导致的错误动作外,如果滑雪板的长度与滑雪者的身高、腿长不匹配,也会造成板头距离过大,但这种情况并不意味着一定是技术动作上的错误。

第8天　犁式转弯（抬山上板）

1　技术要领

犁式转弯
（抬山上板）

在控制阶段，滑雪者要向转弯内侧横向移动重心，转弯外侧板承重，内侧板减压；控制转弯外侧板向转弯方向旋转，内侧腿放松控制内侧板抬起，随外侧板同步旋转，在板刃控制与腿部旋转的共同作用下转弯（图8-1、图8-2）。

图8-1　犁式转弯抬山上板（一）

图 8-2　犁式转弯抬山上板（二）

2 辅助练习

在控制阶段,滑雪者抬起内侧板板尾。

3 常见错误及纠正方法

常见错误:内侧板触地。

根本原因在于滑雪者没有找到外侧板控制平衡的平衡点。建议通过陆地单腿平衡练习,强化肌肉记忆。在滑行中,滑雪者应先练习抬起板尾,逐步过渡到抬起整支滑雪板。

第 9 天　犁式转弯（弯形转换）

当滑雪者掌握了滑行基本姿势、犁式浅弯、犁式中弯、犁式大弯之后，可以练习切换大小弯形的滑行。当滑雪者可以随意组合弯形时，就可以进入下一阶段的学习——半犁式转弯。

犁式转弯
（弯形变换）

1　技术要领

犁式浅弯，滑雪者利用旋转运动让滑雪板依次交替沿滚落线左右移动，双脚的脚掌开始小范围的交替加压、释放。通过腿部的旋转，滑雪者使两个板头指向雪道一侧，再指向另一侧，外侧板大脚趾和内侧板小脚趾同时旋转。

犁式中弯，滑雪者保持上身稳定，髋部以下进行小幅度的旋转运动，体会上下身分离的感觉。

犁式大弯，滑雪者通过保持上身稳定，利用髋关节的重心左右横向移动，依靠转腿保持一侧腿发力，进行搓雪转弯。在控制阶段和完成阶段，滑雪者做到山下腿支撑，立刃角度轻微加大，单侧滑雪板滑出完整的 C 形弯；山上腿的滑雪板利用脚掌旋转板底，双脚保持稳定的犁式板形同时运动；然后重心转换到新的山下腿支撑，两个 C 形弯头尾相接，滑出完整连续的 S 形，整个滑行姿态有明显的上下身分离。

在过渡的过程中，滑雪者以重心交换点，即结束阶段和下一个弯开始阶段的衔接处，迅速进行衔接，快速变换身体姿态（图 9-1）。

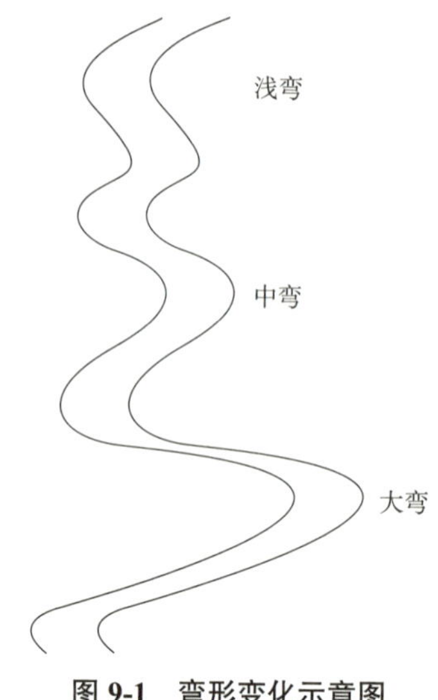

图 9-1 弯形变化示意图

2 辅助练习

滑雪者针对大弯、中弯、浅弯等各种弯形进行组合切换。

3 常见错误及纠正方法

滑雪者应重点关注弯形的切换，也就是弯形变换中的重心交换。在切换过程滑雪者出现摔倒、未完成切换导致衔接不畅、身体失去平衡等情况，一般是因为没有完成上一个弯或切换点不在合理的重心交换位置上。若滑雪者没有在重心交换处切换，那么完成上一个弯后滑行一段距离应迅速开始下一个弯。

第 10 天　犁式转弯（强化练习）

滑雪者主要对前阶段犁式转弯动作进行强化练习，重点关注易错环节，可适当运用信息技术手段，将滑行视频整理后进行对比分析，重点关注关节角度、身体幅度的情况。

犁式转弯（强化练习）

 1　技术要领

滑雪者能够准确判断重心交换的时机，掌握转弯的节奏，控制板刃立刃，减少搓雪（图 10-1）。

图 10-1　犁式转弯强化练习

2 辅助练习

练习一：两手同时扶外膝。

练习二：外手摸外脚。

练习三：外手滑雪杖杖尖压雪面画 C 形。

练习四：外手模拟搂大树。

练习五：转弯控制阶段抬起山上板。

练习六：平端滑雪杖下压至外小腿。

练习七：外手掐腰，里手侧外展。

3 常见错误及纠正方法

（1）滑雪者不能保持弯形，弯形越来越浅。转弯三个阶段的动作要点没有理解掌握，尤其在结束阶段重心交换没有实现，肌肉仍然处在控制阶段的状态，产生了错误的肌肉发力。重心交换没有实现的原因有很多，比如重心落后，导致动作过程缺少力学基础。

（2）滑雪者转躯干，身体不合理内倾，外腿过分蹬直，力量集中在内侧板；小腿肚贴合雪鞋后面，大腿肌肉开始发力支撑，臀部后坐。

这些错误动作基本源于重心位置的错误，由于滑雪者不了解肌肉发力的原理，或者恐惧速度和坡度，这就需要滑雪者进行陆地训练理解肌肉动作。滑雪者可以在尝试重心交换时两手平伸面向山下，或两手扶一只腿的膝关节。通过练习，强化肌肉记忆是好的手段，但如果滑雪者能理解动作的原理则是更优的选择。

第 11 天　半犁式转弯（C 形弯）

半犁式转弯作为犁式转弯过渡到平行转弯的重要阶段，应得到充分的重视。半犁式转弯是一种重要的滑行技术，掌握后滑行非常具有美感。滑雪者学习时不要急于求成，应充分理解半犁式动作的原理和过程。滑雪者应在真正掌握这项技术后，再开始进行下一步学习，以求基础牢固。

半犁式转弯（C 形弯）

1　技术要领

（1）滑雪者呈斜滑降姿势，山下板承重。随时准备点杖。

（2）山上板向外移出呈半犁式，点杖，移重心。在移动的过程中，滑雪者应利用踝关节的伸展使重心稍上升。山上板移出呈半犁式后，此板承重，并保持这种滑雪板状态滑入滚落线。

（3）内侧板不承重，开始收内侧腿，将内侧板并行到外侧板。

（4）逐渐并行，加大外侧板的蹬雪力量。

（5）收板结束，进入双板平行的斜滑降状态，进入下一个转弯（图 11-1）。

注意

（1）保持滑行姿势。

（2）踝关节、膝关节、髋关节自然弯曲，控制旋转速率。

（3）重心随外腿旋转而移动，转移到外侧板支撑面上。

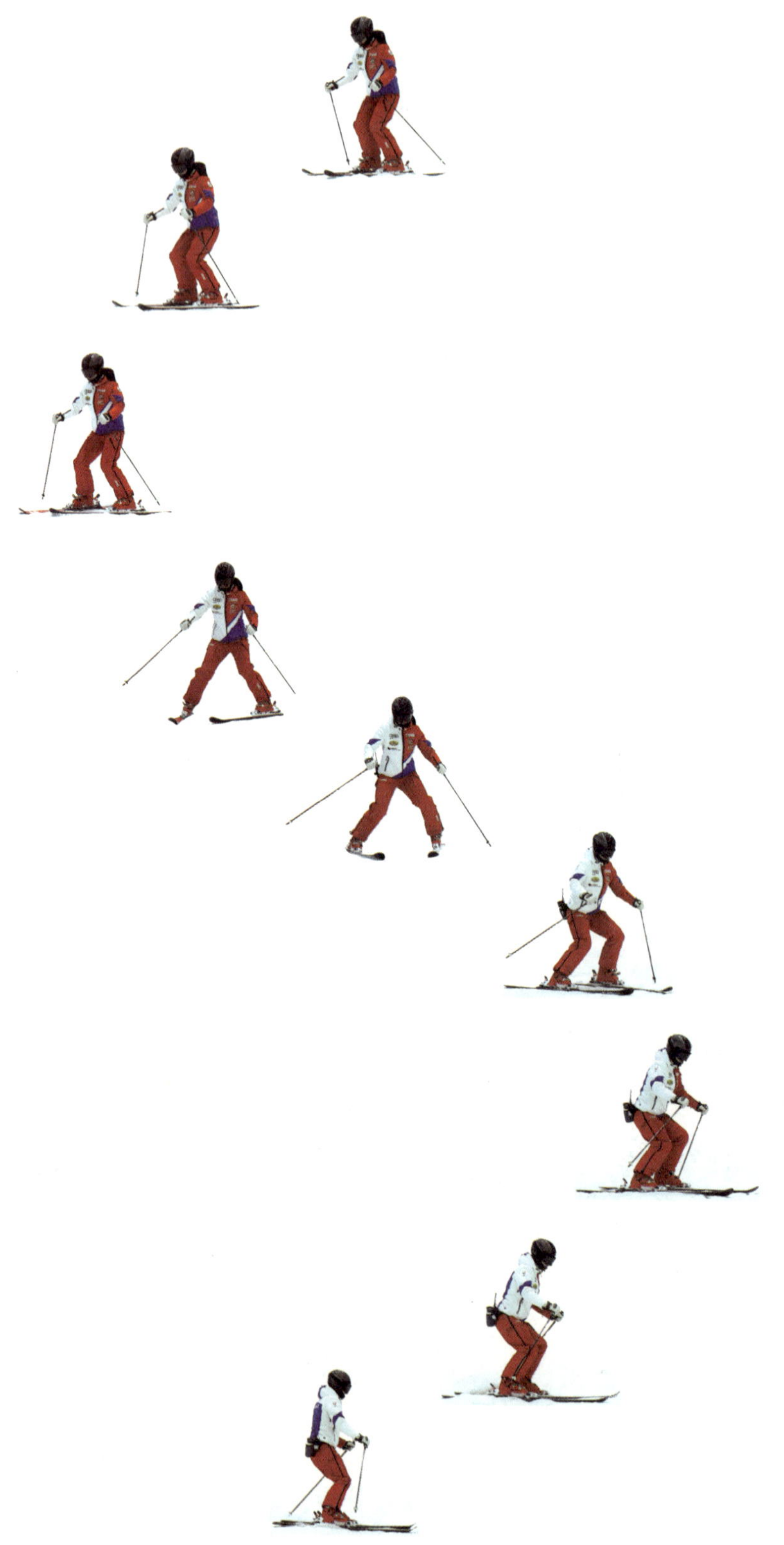

图 11-1　半犁式 C 形转弯

2 辅助练习

单脚滑行，内板抬起，在控制阶段内板放置雪面平行。

3 常见错误及纠正方法

常见错误：

（1）滑雪者无法准确完成开板动作，注意开板同时提重心。

（2）滑雪者无法准确完成收板动作，注意收板同时降重心。

（3）在完成阶段，重心在山上板，内刃卡雪，内侧板无法收回平行。

注意保持运动滑雪姿势：踝关节、膝关节、髋关节自然弯曲，控制旋转速率；重力随外腿旋转，转移到外侧板支撑面上。

纠正方法：

（1）犁式转弯完成阶段抬山上板板尾，向山下板合拢。

（2）犁式转弯两手平端滑雪杖，在两板呈犁式形状面向山下时，将滑雪杖旋转下压至外小腿。

第12天　半犁式转弯（S形弯）

1　技术要领

半犁式转弯不仅是一种技术，还是从犁式转弯向平行转弯过渡的一种练习方法。半犁式转弯包含犁式转弯和平行转弯的动作内容，转弯动作以犁式板形开始，在转弯过程中变为平行板形。滑雪者刚开始学习半犁式转弯时，滑雪板从犁式向平行技术的转换会在接近转弯结束阶段出现；待滑雪者技术更娴熟、速度更快、尝试的坡度更大的时候，为维持身体横向平衡，需要向转弯内侧更大幅度地移动身体重心，转弯内侧板的立刃角度会减小，使得内侧滑雪板难以保持内刃滑行，于是表现出控制阶段初期滑雪板从犁式向平行的转换（图12-1）。

半犁式转弯（S形弯）

2　辅助练习

（1）在缓坡上进行斜滑降，练习山下板移出，注意重心的转换。

（2）山下板移出后，轻轻引伸，不可用力过大，让双板有一段不承重的瞬间。练习在这一瞬间转弯。

（3）逐渐加快速度，加大力量，快速转弯。

（4）练习节奏，争取每个弯的大小都相似，控制节奏和弯形。

图 12-1　半犁式 S 形转弯

第 13 天　半犁式转弯（强化练习）

1　技术要领

半犁式转弯（强化练习）

滑雪者由平行式斜滑出发，获得一定的速度后，新的外板内旋，双板呈犁式。在转换阶段交换重心的过程中滑雪者应保持犁式的板形，这个过程非常短暂，与此同时，快速地建立新外板的平衡。当转换阶段结束，滑雪者应迅速地外旋内板，使双板变平行（图 13-1）。

图 13-1　半犁式转弯强化练习

2　常见错误及纠正方法

（1）由于在高级半犁式转换阶段中犁式的过程非常短暂，变平行式的时候内板容易因为转动过快而给人突兀的感觉，滑雪者切记不要强行扭转，应该比较顺滑、自然地变成平行式。所有的弯都是由下身主动发力驱动的，上身可以跟转，但不能带转，所以上身是一定不能参与转弯发力的。

（2）滑雪者无法在刚入弯的时候就变平行式，这可能有两个原因，一是速度不够快，无法转出圆润的弯，也很难尽早地给外板找到平衡；二是身体朝滚落线方向移动得太多，在入弯阶段身体要多跟随滑雪板运行的方向移动，这样才能更好地站到新的外板上，否则身体会远离外板，而导致失去平衡。

（3）滑雪者心理恐惧导致的习惯性入弯犁式也是难点之一，由于长期习惯入弯犁式的稳定状态，当一下子入弯要平行的时候，不敢将身体的重心移到新内板的外侧（弯的圆心方向），而导致需要保持犁式的状态一段时间后才敢平行。滑雪者要克服这种恐惧，最关键的是多练以及多加点速度。

第14天　平行制动

平行制动

1　技术要领

（1）双板平行，保持滑行姿势；

（2）平行直滑降，引伸后双踝做内翻及外翻，立同侧刃；

（3）双膝方向与板头方向一致；

（4）两大腿同时内旋、外旋；

（5）上体保持面向山下，产生旋转分离，保持反弓；

（6）双板变向后，双板刃与雪面产生阻力直至停止（图14-1）。

2　辅助练习

练习一：平行单J形滑行。

练习二：双板平行垂直于滚落线，双板同时旋转180度变向，再次交换，大腿旋转，使双板变向，保持身体面向山下。

3　常见错误及纠正方法

常见错误：

滑雪者的上体向山上倾倒，山下腿蹬直。

纠正方法：

（1）滑雪者保持滑行姿势，外手打开使滑雪杖杖尖压地，在雪面上画C形；

（2）双板垂直于滚落线向山下平行横滑，分配80%的重力于山下脚心，20%的重力于山上小脚趾。

图 14-1　平行制动

第 15 天　横滑降

滑雪者将滑雪板与滚落线垂直，并沿滚落线方向向下滑动的技术叫横滑降。

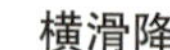

横滑降

 1　技术要领

双板平行，山上板向前约二分之一滑雪鞋长度的距离；调节双板负重比例，以山上板撑动为主，横板滑行。双腿微屈，视线向山下。

滑雪者的身体侧对滚落线方向，与斜滑降比较上体有更大的向山下扭转的感觉。

双腿基本直立，由山上板立刃刻住雪面，通过调整滑雪板立刃角度的大小及放平的高低来增减下滑的速度。加大立刃的角度时减速，放平滑雪板时增速。

滑雪者基本不用滑雪杖，当横滑速度太慢时，可将滑雪杖放于上侧推助或支撑。

滑雪者的眼睛向山下侧看。

横滑时的重心变化很频繁，要及时调整。

滑雪板前部用力大些，滑雪板向前下方滑动；滑雪板后部用力大些，滑雪板向后下方滑动（图 15-1）。

 2　辅助练习

练习一：连续横滑降变向练习。

练习二：横向落叶飘 Z 形搓雪滑行。

练习三：在较缓的坡上进行匀速横滑练习。

练习四：在中等坡上进行斜滑降过渡到横滑降或两者互换的练习。

练习五：在中等坡上进行双板交换承重的练习。

练习六：试进行一支滑雪板的横滑练习。

练习七：在中坡上横滑时连续做用双板后部或前部同时推雪的练习。

练习八：在中缓坡上或凹凸坡上进行直滑行、斜滑降和横滑降的综合练习。

图 15-1 横滑降

 3 常见错误及纠正方法

常见错误：

（1）双板不能做到同步立刃或松刃，导致卡刃，难以保持双板平行。

（2）无法沿着滚落线下滑，总是向前或者向后，无法很好地控制方向。

（3）上身在横滑降过程中会不自觉地扭曲，最主要的表现是扭腰、倒肩、手臂不对称。

纠正方法：

（1）滑雪者需要训练基本站姿，对着镜子练习可以观察到自己的动作。

（2）平地左右转动脚踝，训练脚踝灵敏性。

（3）在平地上做双板同时立刃和松刃的练习，感知脚踝动作。

（4）利用引伸来释放板压。

（5）在平地上保持基本站姿后，向前或向后移动身体去感受重心的移动。

（6）选择适宜的坡度且比较平整的雪道进行训练。

第 16 天　平行斜滑降

平行斜滑降是指与滚落线形成一定的角度，利用双板平行滑降向斜下方的滑行技术（图 16-1）。

平行斜滑降

图 16-1　平行斜滑降

1　技术要领

斜滑降和横滑降技术主要区别于重心的位置，横滑降时重心居中，而斜滑降时重心向山上适度移动，充分利用山下脚承重完成滑行。重心靠前就是向前斜滑降，靠后则是向后斜滑降。

滑雪者应保持平行滑行姿势，从雪道一侧向另一侧滑行，加强旋转速率，增加腿部倾斜；保持良好的身体连接，使双板同侧刃切雪，弧线呈横“C”形向山上滑行，直至停止（图 16-2）。

图 16-2　平行斜滑降与滚落线关系

2　斜滑降动作示范（图 16-3~图 16-5）

图 16-3　斜滑降动作示范（一）

图 16-4　斜滑降动作示范(二)

图 16-5 斜滑降动作示范（三）

 3 辅助练习

练习一：双板板尾交替抬起。

练习二：交替抬板踏步。

练习三：抬山上板单脚滑行。

练习四：双板平行小跳。

4 常见错误及纠正方法

常见错误：

（1）重心落后导致滑行轨迹改变。

（2）初始速度不够导致无法完成完整的斜滑降。

纠正方法：

（1）双板板尾交替抬起练习时应注意只需要抬起板尾，抬起板尾时仍然维持滑行轨迹。

（2）交替抬板踏步练习时注意保持滑行轨迹。

（3）抬山上板单脚滑行练习时应将注意力集中在山下板内刃，并持续保持重心的正确位置。

（4）双板平行小跳练习应注意在斜滑降中途跳起，跳起应轻盈，落地平稳并保持滑行方向。

第 17 天　平行转弯（C 形弯）

平行 C 形转弯是从斜滑降开始逐渐进入转弯，开始时向滚落线的一侧滑行，结束时滑行轨迹穿越滚落线指向另一侧，发生一次身体重心横穿支撑面的过程（图 17-1）。

平行转弯
（C 形弯）

开始阶段

控制阶段

结束阶段

图 17-1　平行 C 形转弯全过程

1　技术要领

滑雪者在向上移动身体重心的同时，向转弯内侧横向移动身体重心完成板刃转换，通过双板的同步旋转控制滑雪板平行转弯。

开始阶段：滑雪者保持基本滑行姿势，平行斜滑降，向上移动身体重心，完成板刃转换，准备进入下一阶段。

控制阶段：滑雪者保持双板平行状态，向转弯内侧横向移动重心，逐渐屈曲内侧腿，增加外侧板承重，形成合理的反弓姿态。下肢控制滑雪板向转弯方向旋转，形成转弯。控制阶段后期加强滑雪板的用刃强度，并适当控制身体平衡。

结束阶段：滑雪者平行斜滑降，调整身体姿态，准备进入下个转弯（图 17-2~图 17-4）。

图 17-2　平行 C 形转弯细节（一）

图 17-3　平行 C 形转弯细节(二)

图 17-4　平行 C 形转弯细节（三）

2 辅助练习

练习一：C形弯练习。

练习二：踏步C形转弯。

3 常见错误及纠正方法

常见错误：

（1）滑雪者身体后倾，没有合理地运用关节做屈伸动作。

（2）滑雪者摇晃身体，没有控制好平衡。

（3）滑雪者没有耐心，急于完成转弯，导致滑行路线偏离，没有完成完整的转弯，此错误一般出现在结束阶段，其实技术动作在控制阶段已经出现变形。

纠正方法：

（1）纠正身体后倾。

滑雪者保持自己的身体重心在滑雪板中间，否则板头容易抬升，会失去对整个滑雪板的控制，重心不落后，表现在小腿胫骨前端紧贴鞋舌。

（2）纠正摇晃身体。

滑雪者做平行转弯时只需要改变重心，但有些人错误地以为摇晃身体就是移动重心。这种错误体现了滑雪者对滑雪转弯理论理解的偏差，或在初学阶段尝试技术动作时出现。滑雪者应避免做多余的动作，时刻保持身体姿态的动态平衡。

（3）切忌急于求成。

完成一个完整的转弯是练习的目的。熟练地完成每一个练习是可以进行下一阶段学习的标志。滑雪者应充分理解转弯各环节的理论知识，提高结束阶段在整个转弯过程中重要性的认识。滑雪者开始训练时不要速度过快，低速转弯下对转弯的控制更容易，且给大脑留出思考的时间。

第 18 天　平行转弯（S形弯）

两个不同方向的C形弯衔接起来就是S形弯，这是完成滑行动作的重要一环。技术难点在于两个C形弯的衔接，该位置使用的技术重点在于重心移动、引伸、点杖（图 18-1）。

平行转弯（S形弯）

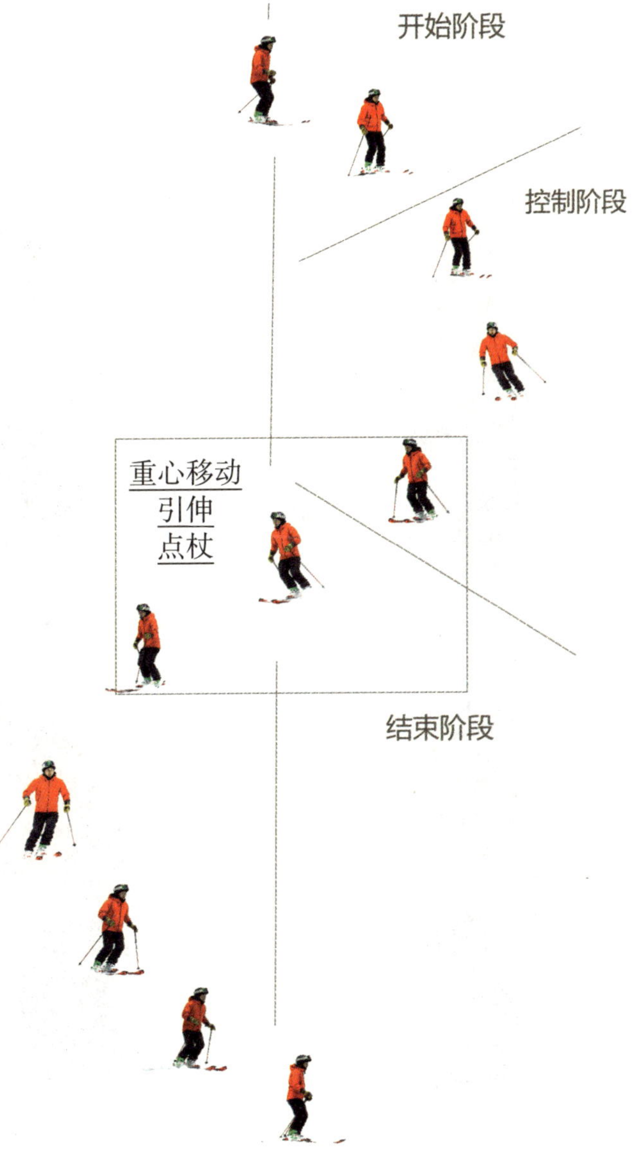

图 18-1　平行 S 形转弯

1 技术要领

当一个 C 形弯结束准备进入下一个转弯时，重心转换成为 S 形弯最重要的技术环节。滑雪者要充分理解重心投影点与重心移动的轨迹。滑雪者的重心通常指的是重心垂直于雪面的这条重心线与其在雪面上的投影点。在滑雪运动中，重心线有时离双板很近，例如直滑降时，重心线是位于双板之间的；有时离双板很远，例如大弯滑行时，为了抵消离心力，身体要处于内倾的姿势，重心线是位于弯内侧的。在滑雪运动中的重心移动方向是多维度的，即前后、左右、上下移动的合成（见书中的 3D 动画）。利用上述重心的移动方式，滑雪者可以根据不同的坡度、雪质、滑行速度以及回转弧的深浅，在自己滑行的空间里控制方向（图 18-2、图 18-3）。

图 18-2　平行 S 形转弯细节（一）

图 18-3　平行 S 形转弯细节（二）

注意：

（1）在转弯开始阶段，滑雪者引伸释放滑雪板压力，上体形成内倾；

（2）在转弯开始阶段末、控制阶段初，滑雪者的外腿逐渐施压，开始旋转，在控制阶段中期，形成反弓；

（3）在转弯控制阶段末、结束阶段初，滑雪者的压力最大。

2 辅助练习

滑雪者在练习平行S形转弯时要注意重心、基本姿势，且匀速转弯。

3 常见错误及纠正方法

常见错误：

（1）里倒。

滑雪者的身体急于转弯，没有给外侧板施压，里侧板受力过大，不能保持身体平衡。

（2）重心落后。

滑雪者急于转弯蹬动外板，滑雪板突然加速变向，核心力量没有很好地控制，胫骨离开滑雪鞋鞋舌，身体在坡度上站立过直。

纠正方法：

（1）滑雪者陆地模仿重心交换过程，规避了高速滑行下对技术理解的难度。

（2）滑雪者平行滑行时，两支滑雪杖同时打开在身体两侧，双杖杖尖同时压在雪面上。

（3）滑雪者前后推拉双板，进入转弯开始阶段板头变向踏步，进入控制阶段，双板平行、外板承重进入结束阶段。

第 19 天　平行转弯（强化练习）

通过腿的强有力的旋转动作和双板立刃能够完成较高质量的转弯，这是双板平行连续转弯技术的基础。

平行转弯
（强化练习）

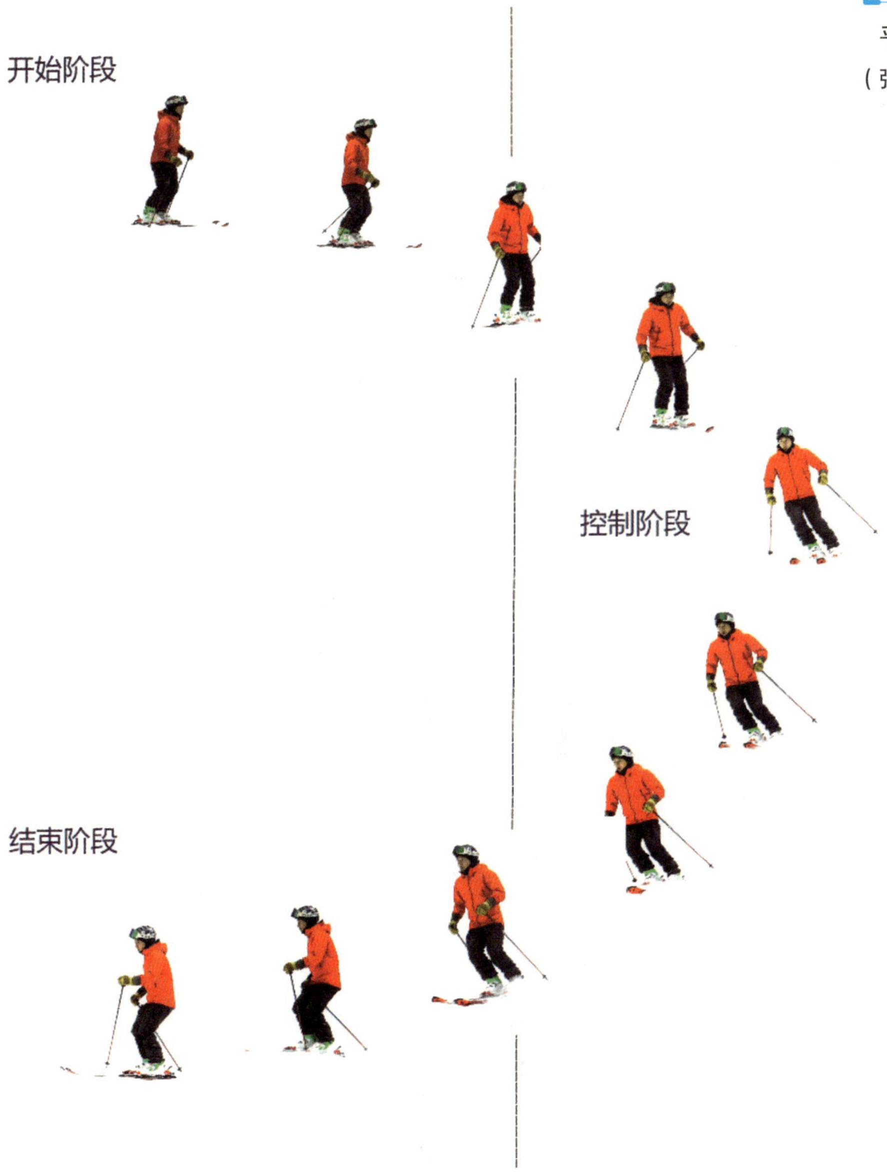

开始阶段

控制阶段

结束阶段

图 19-1　平行转弯强化练习

1 技术要领

滑雪者保持一定的速度进入转弯的准备阶段，提重心并使之向弯内侧移动，用外板内刃、内板外刃蹬雪。滑雪者继续向前屈膝、屈踝，重心移动结束后点杖开始。在上一个转弯动作结束阶段和下一个转弯点杖时，滑雪者的踝关节应有蹬实、踏实的感觉，身体处于直立状态。利用蹬踏的反作用力与向内倾斜，滑雪者向斜上方提起重心，然后再次滑入垂直落下线的方向，此时应有体重在转弯的内侧、滑雪板牢牢地抓住地面的感觉。双板平行连续转弯是把技术连续起来一左一右地依次进行的转弯（图 19-2）。双板平行转弯是高山滑雪转弯技术的难点之一。通过这项技术的学习，滑雪者主要掌握连续快速转弯的技术，控制节奏，使技术得到更合理的运用，提高迅速改变动作的能力和高速滑行中的平衡及控制能力。双板平行连续转弯依据滑行轨迹的不同可分为小弯和大弯。

图 19-2　平行 S 形转弯强化练习

第 20 天　平行转弯点杖练习

 1　技术要领

平行转弯点杖练习

点杖技术在滑行中并不是必须使用的。犁式不需要点杖，平行式也可以不点杖，但点杖对于滑行是有好处的，尤其是基础平行式，点杖对于转弯动作和滑行节奏的帮助很大。在转弯的过程中，滑雪者保持两臂持杖姿态不动，手腕向前摆动，在入弯时杖尖触地，然后手腕再向后摆动，就完成了点杖的过程。从观察者角度看，标准的点杖似乎动作幅度很大，点杖范围很大，这是因为整个身体在向山下和向前移动，或者说是引伸的作用。所以，点杖的要诀是只动手腕，滑雪仗向下个弯内的移动是由身体带动的（图 20-1）。

滑雪者开始点杖，身体就会向下一个弯移动，出弯也就开始，这就是点杖可以创造节奏的原因。而杖尖点地的时刻，通常标志着已经立刃，并开始稳定滑行。因为从放平板底到立刃，通常姿态是不稳定的，点杖会增大支撑面积，创造更稳定的环境，从而让滑雪者从容实现姿态的平衡。

图 20-1　点杖

2 常见错误及纠正方法

（1）滑雪者向下一个弯内伸手。

（2）点杖后手臂后甩。

部分人是因为杖尖点地过于用力，滑雪仗受到的阻力太大，导致胳膊被顶向后；另外一部分人纯粹是因为双臂过于放松，没有保持基本的持杖姿态。杖尖点地的动作必须很轻柔，并非要滑雪仗真的支持身体，而是创造一点点支撑就足够了，相当于用杖尖在雪面“向后挑一下”。

第 21 天　点杖平行转弯（大弯）

1　技术要领

点杖平行转弯（大弯）

开始阶段，滑雪者通过平行斜滑降获得足够的滑行速度，向上移动身体重心，同时向山下侧（即将开始的转弯内侧）横向移动身体重心，屈曲内侧腿部各关节，增加外侧板承重，较早地形成立刃角度并控制身体平衡。下肢控制滑雪板向转弯方向旋转，准备进入下一阶段。

在控制阶段初期，滑雪板已经自然立刃，滑雪者通过屈曲内侧腿继续向转弯内侧横向移动重心，形成稳定的反弓姿态。下肢控制滑雪板匀速旋转。在控制阶段后期，滑雪者加强滑雪板的用刃强度，并适当控制身体平衡。

结束阶段，滑雪者采用平行斜滑降调整身体姿态，减小山下板承重，将滑雪板放平，准备进行下一个转弯（图 21-1）。

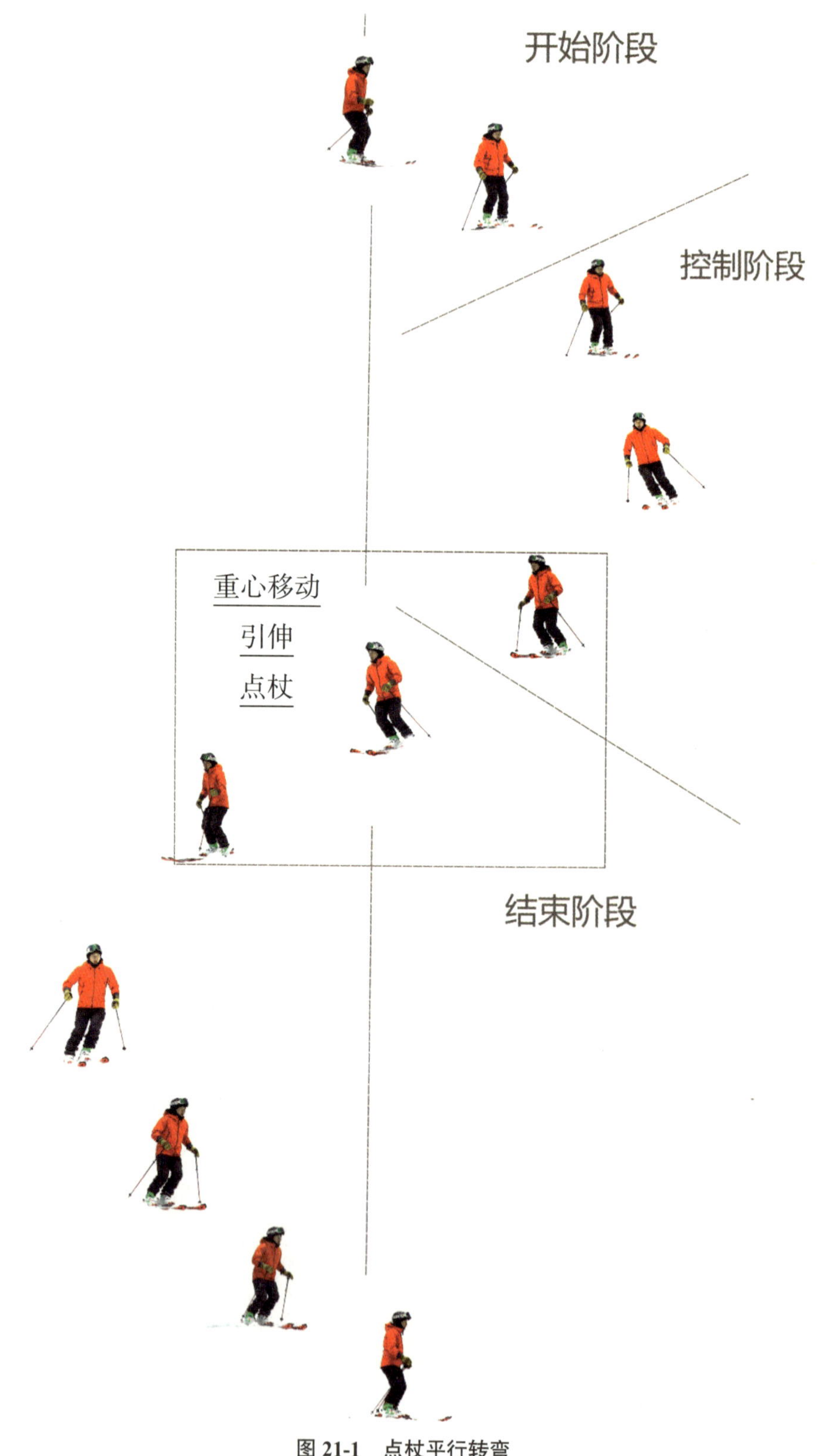

图 21-1　点杖平行转弯

2 辅助练习

滑雪者从大 S 形弯点杖平行转弯逐渐过渡到小 S 形弯点杖平行转弯(图 21-2、图 21-3)。

图 21-2 点杖平行转弯细节(一)

图 21-3　点杖平行转弯细节(二)

3　常见错误及纠正方法

常见错误:

(1)滑雪者的身体重心落后。

(2)晃动肩膀。

纠正方法:

(1)此阶段滑雪者的重心出现落后,一种可能是心理因素,对新增速度的恐惧,导致本能向后;另一种可能是基本功不扎实,在基本站姿的掌握上欠缺,或者滑行经历不够,还需要刻意地关注重心才能使重心在正确位置,没有形成肌肉记忆,在速度、雪况等变化因素下不能时刻保持重心的稳定。加强基本功是最直接的解决方案。

(2)滑雪者晃动肩膀,表现为多余动作,即滑行不需要的动作,是身体寻找重心位置、寻找立刃角度、寻找节奏的过程中,滑雪者主动为之,其根本原因在于滑雪者对滑雪理论掌握不扎实,在实践中脑海留下错误的记忆,或者形成了错误的肌肉记忆。滑雪者要在较缓坡放慢速度,重复正确动作,重新建立肌肉记忆。

第 22 天　卡宾斜滑降

卡宾（Carving）的原意是切和刻，所以在国内卡宾也叫做刻滑，顾名思义，是一种用滑雪板板刃切雪而行的滑行方法。因为滑雪者切雪而行，所以在卡宾时阻力非常小，速度很快。卡宾技术是高山滑雪的竞技比赛里必备的技术。

卡宾斜滑降

1　技术要领

1）卡宾身体姿势

（1）身体的重量应该转移到弯外侧板的中间。

（2）上半身更直立。

（3）双肩与双板平行。

2）卡宾转弯

卡宾转弯需要合适的滑雪板和雪况。雪质最好软硬适中，板刃才可以刻进雪里，若雪质太软，不足以提供抓地力来反作用于滑雪板；若雪质中冰比较多，大部分滑雪者会觉得很难做卡宾，但对于专业运动员来说冰状雪更能提高成绩。

板刃的锋利度也会影响卡宾的动作。板刃越锋利，滑雪者越容易做卡宾转弯，这也是在学习滑雪技术的同时学习修刃打蜡技术的重要原因。

3）技术运用

在卡宾单弯练习中，滑雪者利用滑雪板的板腰弧度控制转弯，注意身体旋转。卡宾斜滑降与平行斜滑降的要点类似，但要充分注意，理解滑雪板的形状，利用滑雪板的板腰弧度和雪道坡度让滑雪板“自动”转弯（图 22-1）。

图 22-1 卡宾斜滑降

2 辅助练习

(1)双板斜下方呈滑雪运动姿势,山下脚的脚掌贴合雪鞋内底,翻踝立刃,加大腿部倾斜幅度。

(2)滑雪者要加大垂直运动,增加滑雪板的压力,支撑点位于外脚脚心。

第 23 天　卡宾转弯点杖练习

1　技术要领

卡宾大弯点杖是为了更快地进入滚落线，点杖应在重心交换之后；小弯点杖是为了加快、辅助重心交换，点杖应在重心交换之前或同时。

小弯点杖频率更快，需要协调性更强。点杖的方向是斜向山下，点在滑雪板前三分之一范围内。点杖之后自然收回，杖尖不要抬起。点杖是点，不是直插入雪地。高速中点杖经常无需点实，带一下就可以。下压是往前压，不是往内侧压；是压滑雪鞋，不是掰滑雪板。下压的时候，滑雪者不要只用山下腿发力，山上腿也要同时下压，分担小部分力量。交换重心时，滑雪者要尽量保持两个膝盖的力量，注意山上腿膝盖，不要夹膝成梯形。开始练习的时候滑雪者不用并紧腿，可以先保持滑雪板、膝盖和胯同宽的幅度，动作熟练之后，逐渐缩小双板间距，直至并紧腿。

图 24-1　点杖

2 常见错误及纠正方法

点杖动作与转弯不能协调一致:点杖后,杖尖比自己的手臂还高;点反杖,点杖时机不对。转弯时,没有足够的重心转换。滑雪者为了立刃而立刃,且山下板不能与山上板保持平行。滑雪者不能保持上身平稳,也不能始终对着滚落线的方向滑行。姿势不规范,出现扭头、侧肩膀、扭胯、臀部向外侧倾斜、夹膝等错误姿势。滑雪者注意转弯时不要过度减少速度,应保持正确的姿势,控制重心平衡。

第 24 天　卡宾转弯（C 形弯）

1　技术要领

卡宾转弯
（C 形弯）

卡宾转弯
（大弯）

1）转弯开始阶段（图 24-1）

和所有的转弯一样，卡宾转弯在开始阶段也需要释放板底压力，做内倾和引伸的动作，然后开始慢慢地立刃，把身体的重量逐渐移向山下脚，静静地等待滑雪板发挥它的性能。

图 24-1　卡宾 C 形转弯开始阶段

2)转弯控制阶段(图 24-2)

滑雪者将离心力运用到山下板,然后保持住,保持躯干的稳定,山下腿支撑,滑雪板在力量的作用下发生形变,发挥滑雪板性能产生转弯。

图 24-2　卡宾 C 形转弯控制阶段

3)转弯结束阶段(图 24-3)

滑雪者及时释放板压,准备调整重心,进入下一个弯。

(1)视线引导。

滑雪者的视线先到,视线引导转弯方向,并不是一直盯着山下的某个位置。

(2)上身挺直不弯腰。

如果滑雪者可以很好地控制重心,尽量让背部挺直,遇到特殊情况时,如转换时遇到雪包,弯腰容易使膝盖磕到胸口。

(3)肩与髋平行。

这是滑行标准的表现,如果肩与髋不在一条平行线上,那么可以判断出这样的滑行内倾太多或过度反弓。

(4)不夹臂。

提升滑行姿态观赏度。

（5）有内倾有反弓。

滑雪者在入弯时适当内倾，可以更早地立刃、抓地。反弓可以有效地将转弯带来的离心力建立在外侧腿上。简单地说，反弓可以有效地建立外板平衡。

（6）外侧腿蹬直完全承重。

滑雪者应将外侧腿蹬直，但不要把关节锁死。

（7）主动收内腿。

滑雪者应将内侧腿主动向上提，让外侧板建立平衡。

（8）内腿跟随外腿旋转。

滑雪者应保持外侧腿平衡，内侧腿跟随外侧腿同时旋转。

图 24-3　卡宾 C 形转弯结束阶段

2　辅助练习

（1）卡宾大弯练习。

（2）内手扶外膝练习。

3　卡宾 C 形转弯动作示范（图 24-4~图 24-10）

图 24-4　卡宾 C 形转弯动作示范(一)

图 24-5　卡宾 C 形转弯动作示范(二)

图 24-6　卡宾 C 形转弯动作示范（三）

图 24-7　卡宾 C 形转弯动作示范（四）

图 24-8　卡宾 C 形转弯动作示范（五）

图 24-9　卡宾 C 形转弯动作示范（六）

图24-10　卡宾C形转弯动作示范(七)

第25天　卡宾转弯（S形弯）

1　技术要领

卡宾转弯
（S形弯）

1）点杖时间点

点杖应在双板直行、换刃的同时进行。这个时间点不是双板朝向滚落线的瞬间，而是在此之前。点杖过早，滑雪杖会被推向内侧板，板会刮到滑雪杖。点杖过晚，滑雪杖会被推得很远，要做更大的动作，将其收回。

2）如何点杖

点杖应该在弯内侧进行，双臂应该适当弯曲，在身体的侧前面。点杖的时候，双臂不能甩动，手腕动。滑雪杖点到雪里后，立即收回，不可在雪里划线。滑雪者保持双臂的姿势，只用手腕的动作，保持躯干稳定。

点杖的目的是增加节奏感，因此不能太过在乎形式，可以将滑雪仗插进雪里。

3）点杖步骤

滑雪者站在坡面上，将身体稍微转向滚落线，双臂弯曲放在身体前方，滑雪杖向后，以45度指向雪面。启动转弯，将身体重量均匀放在双板上，朝前倾斜，将弯内侧的滑雪杖竖直。换刃瞬间，点杖。移动手腕，将滑雪杖从雪里移出来，完成点杖（图25-1）。

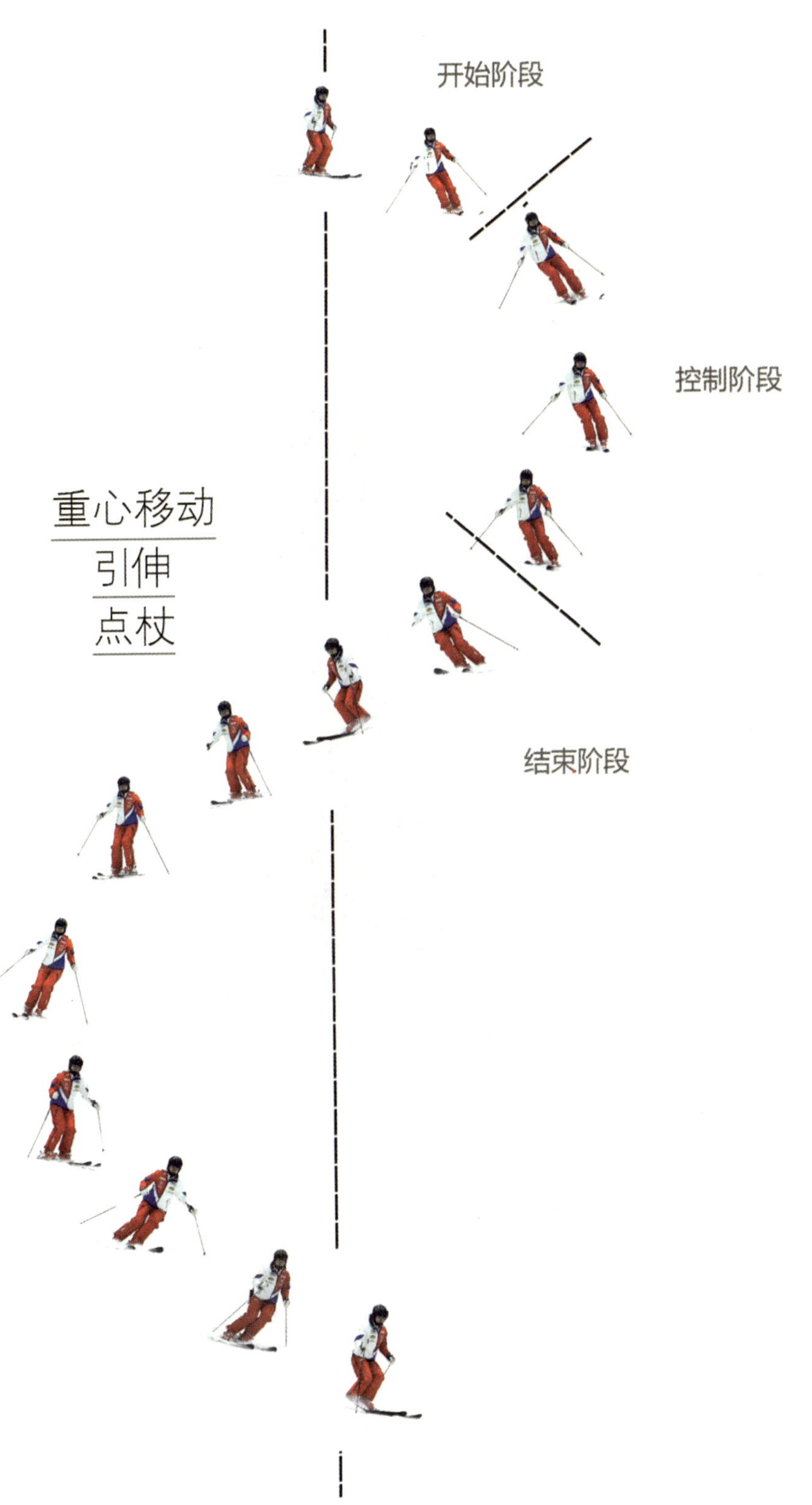

图 25-1　卡宾 S 形转弯技术分析图

2 辅助训练

卡宾大弯练习，点杖配合。

3 卡宾S形转弯动作示范（图25-2~图25-23）

图25-2 卡宾S形转弯动作示范(一)

图 25-3　卡宾 S 形转弯动作示范（二）

图 25-4　卡宾 S 形转弯动作示范（三）

图 25-5　卡宾 S 形转弯动作示范(四)

图 25-6　卡宾 S 形转弯动作示范(五)

图 25-7　卡宾 S 形转弯动作示范（六）

图 25-8　卡宾 S 形转弯动作示范（七）

图 25-9　卡宾 S 形转弯动作示范(八)

图 25-10　卡宾 S 形转弯动作示范(九)

图 25-11　卡宾 S 形转弯动作示范（十）

图 25-12　卡宾 S 形转弯动作示范（十一）

图 25-13　卡宾 S 形转弯动作示范(十二)

图 25-14　卡宾 S 形转弯动作示范(十三)

图 25-15　卡宾 S 形转弯动作示范（十四）

图 25-16　卡宾 S 形转弯动作示范（十五）

图 25-17　卡宾 S 形转弯动作示范（十六）

图 25-18　卡宾 S 形转弯动作示范（十七）

图 25-19　卡宾 S 形转弯动作示范（十八）

图 25-20　卡宾 S 形转弯动作示范（十九）

图 25-21　卡宾 S 形转弯动作示范(二十)

图 25-22　卡宾 S 形转弯动作示范(二十一)

图 25-23　卡宾 S 形转弯动作示范（二十二）

4　常见错误及纠正方法

常见错误：

（1）滑行弧线不完整，越滑越快。

（2）在立刃、施压时山上髋向内坐。

纠正方法：

（1）滑雪者不穿滑雪板，左右回转跳，上体稳定，下身摆动。

（2）滑雪者穿滑雪板左右回转跳，外刃和内刃卡雪面交换。

（3）滑雪者缓坡滑行在转弯的结束阶段做左右换刃跳。

第 26 天　卡宾转弯（鹤弯）

卡宾转弯（鹤弯）

1　技术要领

滑雪者将腿部主动参与旋转并建立稳定的上下分离姿态，在稳定单腿平衡的情况下练习入弯时抬起内侧滑雪板，板头朝下但不要触雪，重心转移到新的外板上（图 26-1）。

2　辅助练习

鹤弯练习。

3　常见错误及纠正方法

常见错误是滑雪者不能抬板。要想建立稳定的单腿平衡，滑雪者应该从基础平行抬板重新练习。

图 26-1　卡宾鹤弯

第 27 天　卡宾转弯（小弯）

1　技术要领

滑雪者在滑降过程中，应保持上体团身，目视前方，以髋关节为轴进行腿部的左右摆动，形成立刃滑行（图 27-1）。在滑行中滑雪板左右摆动幅度一致、立刃角度相同是能够滑出对称小弧线的关键。快速、高频率的下肢摆动滑进是滑行水平的表现。

卡宾转弯（小弯）

小弯连续卡宾技术动作，身体姿势的表现形式有三种：

（1）滑雪者的上体不变，主要靠滑雪板左右摆动立刃滑行；

（2）身体大幅度摆动，滑雪板小立刃摆动滑行；

（3）滑雪板左右均衡协调摆动滑行。

图 27-1　卡宾小弯

 2 辅助练习

卡宾小弯练习。

3 常见错误及纠正方法

（1）防止滑雪者的上体左右摆动，头部尽量保持中正的位置。

（2）为了防止卡宾小弯滑行时速度越来越快导致无法控制的情况，滑雪者可以通过稍微加大推雪力度来调整滑行节奏，控制滑行速度。

（3）滑雪者在尽量保持头部、上体中正且位置不变的基础上，每次立刃蹬动应该蹬实，否则就会出现速度不断加快而无法控制的局面。

第 28 天　卡宾转弯（单脚内刃）

 1　技术要领

卡宾转弯
（单脚内刃）

滑雪者依靠转弯外侧板内刃滑行，通过髋关节、膝关节内倾形成合理反弓姿态并维持身体平衡，上体跟随滑雪板向转弯反向旋转，在下一个转弯开始阶段向上移动身体重心换脚滑行。

 2　辅助练习

单脚内刃滑行练习。

 3　常见错误及纠正方法

常见错误：

滑雪者不能保持平衡，需要不定时地落板维持平衡，抬板时机掌握不好。

纠正方法：

滑雪者在缓坡练习直滑降抬板、J 形弯单脚滑行、斜滑降抬板等，循序渐进地建立单脚平衡。滑雪者还可以尝试单脚走斜线，不转弯，大大降低难度，体会用单脚内刃动态支撑的感觉。

第29天　卡宾转弯(单脚外刃)

1　技术要领

卡宾转弯
(单脚外刃)

滑雪者在转弯开始阶段完全利用转弯内侧板外刃入弯滑行,髋关节向转弯内侧横向移动,维持身体横向的平衡,保持良好的滑行姿态,上体跟随滑雪板向转弯方向旋转,经过转弯顶点后外侧板着地并辅助转弯,在下一个弯开始阶段向上移动身体重心,继续采用转弯内侧板外刃入弯滑行。

2　辅助练习

单脚外刃滑行练习。

3　常见错误及纠正方法

常见错误:

滑雪者不能保持平衡,需要不定时地落板维持平衡,抬板时机掌握不好。

纠正方法:

滑雪者在缓坡练习直滑降抬板、J形弯单脚滑行、斜滑降单脚外刃滑行,循序渐进地建立以内侧板外刃为支撑的平衡。滑雪者还可以尝试单脚走斜线,不转弯,大大降低难度,体会用单脚外刃动态支撑的感觉。

第 30 天 卡宾转弯（跳转）

1 技术要领

卡宾跳转

在转弯结束阶段的出弯前，滑雪者用内侧板起跳，原来的内侧板在落地后变成下一个转弯的外侧板，以该板的内刃落地，然后转弯。原来的外侧板跟过来变成内侧悬空，不要落地，等待新外侧板借助反弹力跳起，然后抓换重心，再用该板的内刃落地，重新变为外侧板。落地时，板刃要落地卡住雪（图 30-1）。

2 辅助练习

跳转转弯。

3 常见错误及纠正方法

常见错误：

滑雪者落地后搓雪失去反弹。

纠正方法：

滑雪者的陆地板刃要卡住雪。滑雪者可以将动作拆分成若干环节，分段练习，在陆地模仿动作后上雪。

图 30-1　卡宾跳转

4　卡宾跳转动作示范（图 30-2）

图 30-2　卡宾跳转动作示范

附录　十条安全守则

滑雪场安全标志

国际雪联滑雪十大安全准则

索道的乘坐方式及注意事项

1. Respect for others 尊重原则

无论双板还是单板滑雪者，都应该遵循以下行为准则：绝不做出将会损伤或致使他人受伤的行为。

2. Control of speed and skiing or snowboarding 自控原则

无论双板还是单板滑雪者，都应当让自己的滑行处于可控范围之内。其滑行速度和方式应当和其个人滑雪水平相符，并且应根据地势、雪质、天气和雪场人口密度来选择以何种方式滑行。

3. Choice of route 选择安全线路原则

后方滑雪者务必要选择不危及前方滑雪者的线路滑行。（前方滑雪者有雪道使用的优先权）

4. Overtaking 超越原则

从后方或侧方超越其他滑雪者时，请保持足够距离。

5. Entering, starting and moving upwards 进入雪道、启动、爬坡原则

当滑雪中途稍作休息重新开始，或者向坡上攀爬时，务必保证不危及自己及其他人的安全。

6. Stopping on the piste 停止地点原则

除非必须，滑雪者应避免停留在雪道中间、赛道、狭窄的雪道、视线易受阻的地方，若经过上述地点，请尽快通过。

7. Climbing and descending on foot 两侧行走原则

如需在雪道上行走时，请务必在雪道两侧。

8. Respect for signs and markings 注意警示标识原则

请滑雪者务必对信号牌、指示牌和指示物保持足够的重视。

9. Assistance 协助原则

一旦遇见事故,每个滑雪者都有义务去帮助受伤的人。

10. Identification 事故确定身份原则

事故后的滑雪者或者目击者,无论是否有相关责任,都应该彼此留下联系方式。